叛逆期孩子的
正面管教

马利琴◎著

中华工商联合出版社

图书在版编目（CIP）数据

叛逆期孩子的正面管教 / 马利琴著. -- 北京 ： 中
华工商联合出版社，2019.1（2023.6重印）
ISBN 978-7-5158-2443-7

Ⅰ．①叛… Ⅱ．①马… Ⅲ．①青春期－家庭教育
Ⅳ．①G782

中国版本图书馆CIP数据核字(2018)第288809号

叛逆期孩子的正面管教

作　　者：	马利琴
责任编辑：	胡小英
装帧设计：	零三二五创意设计
责任审读：	李　征
责任印制：	迈致红
出版发行：	中华工商联合出版社有限责任公司
印　　刷：	衡水翔利印刷有限公司
版　　次：	2019年7月第1版
印　　次：	2023年6月第4次印刷
开　　本：	880×1230mm　　1/32
字　　数：	140千字
印　　张：	7
书　　号：	ISBN 978-7-5158-2443-7
定　　价：	42.00元

服务热线：010-58301130-0（前台）
销售热线：010-58302977（网店部）
　　　　　010-58302166（门店部）
　　　　　010-58302837（馆配部、新媒体部）
　　　　　010-58302813（团购部）
地址邮编：北京市西城区西环广场A座
　　　　　19-20层，100044
http://www.chgslcbs.cn
投稿热线：010-58302907（总编室）
投稿邮箱：1621239583@qq.com

凡本社图书出现印装质量问题，
请与印务部联系。

联系电话：0318-5728185

孩子叛逆，其实是好的开始

在孩子成长的过程中都要经历三个叛逆期：第一个是"宝宝叛逆期"，出现在2~3岁的时候；第二个是"儿童叛逆期"，出现在7~9岁；第三个叛逆期通常出现在12~18岁，也就是人们常说的"青春叛逆期"。此书主要讲述第三个叛逆期，因为此时期对孩子未来的影响更直接、更紧密。

在这一时期，孩子的心理发展主要表现出这样几个特点：

第一，自我意识更强烈。处于青春叛逆期的孩子，已经具备了独立思考和判断事物的能力，已经形成了初步的人生观和价值观。他们对世界的认识跟成人不同，因此父母的过度干涉很容易引发亲子矛盾。

第二，喜欢跟父母对着干。这一时期的孩子，跟父母的预期会出现很大的偏差，你说东来我偏要向西，不管父母如何为孩子好，孩子可能都不领情。面对这样的孩子，父母很容易恼火。

第三，喜欢标新立异。叛逆期的孩子喜欢跟随潮流，喜欢电脑、手机，喜欢玩游戏，喜欢聊天，喜欢标新立异的服装，满嘴都是"外星语"。父母担心孩子，但越制止孩子，孩子往往越叛逆。

第四，追求自我，旁若无人。叛逆中的孩子自我意识强烈，经常会沉浸在自己的世界中，不希望他人打扰，尤其是父母。当父母介入他们的世界时，他们会很不满；父母的关心，很容易引起他们的反感。

第五，容易养成坏习惯。孩子喜欢跟父母对着干，喜欢跟父母背道而驰。他们即使知道父母说的是正确的，在言行上也依然按照自己的思维来，时间长了，坏习惯就会养成。

……

叛逆期的孩子，通常都会觉得自己已经"长大了"，他们有着强烈的自我表现欲，思维喜欢求异，处处标新立异。父母采用非常规的处理方法，容易造成很多不良影响，让孩子的叛逆心理增强。面对叛逆期的孩子，如果父母一味地压制，一味地用自己的"权威"来迫使孩子听话，只会让孩子的叛逆心理加重。一味地训斥、打骂，还会让孩子变得唯唯诺诺、胆小怯懦，或是变得执拗任性、胆大妄为。

面对叛逆期的孩子，多数父母都会觉得孩子不可理喻，不知该如何应对。其实，青春叛逆期是个敏感的时期，只要对孩子进行正确的引导，就能让孩子顺利走过这段人生之路。

为了帮助父母解答孩子青春叛逆期的各种困惑，我们特意编写了这本书。书中不仅解释了孩子出现叛逆的心理根源，还从生活、学业、社交、心态、性格、情绪、综合能力、价值观和理财观等方面分析了孩子叛逆的原因和引导方法，因为孩子在这几方面的叛逆表现最容易跟父母发生冲突。

本书将案例、分析和方法巧妙地结合在一起，有利于父母对号入座，发现自己孩子的问题，并从中找到切实可行的方法。由于这些方法都是被实践证明过的切实可行的方法，父母只要灵活运用，孩子的叛逆行为就会逐渐减少，最终平稳度过青春叛逆期。只要孩子将这个叛逆期度过了，就会为之后的发展奠定坚实的生理和心理基础，人生之路定会走得更顺畅。因此，从这个角度来说，孩子叛逆，其实是好的开始！

目录
CONTENTS

第五章

疼孩子，就要让孩子拥有积极健康的心态

第六章

教孩子，就要让叛逆中的他具备优良的品格

第九章

护孩子，就要让叛逆中的他正确与异性交往

第十章

宠孩子，就要让叛逆中的他树立正确的价值观

第十一章
疼孩子，就要让叛逆中的他树立正确的理财观

后记

第一章

追根溯源，找到孩子叛逆的心理根源

叛逆是孩子走向成熟的必经阶段

　　叛逆，是孩子从幼稚走向成熟、开始主动承担责任、逐渐形成个性、成就完整自我的过程。此时他们的大脑结构和机能已经趋于成熟，思维方式或视角已经由单一化的正向思维向逆向思维、多向思维、发散思维等方面发展。随着性别意识、性意识的逐渐强化和建立，孩子就会逐渐形成强烈的个性意识、独立意识和成人意识，叛逆也就成了一种必然。因此，叛逆的孩子需要理解和帮助，父母要用平常心去接纳他们，要在尊重、理解、关怀、鼓励的前提下使用正确的方法来跟他们做好沟通。

　　有个12岁的男孩个头已经很高，母亲身高只到他的肩头，父亲也开始对他仰视。他俨然是个大人，但依然是满脸的稚气。男孩变得越来越叛逆，终于有一天，父亲和他倾心交谈，问起了他不再乖巧的原因。

男孩说："我已经长大了，不想再受你们摆布了。我需要有自己的生活，我需要寻找自我……"

父亲叹了口气："你打算到哪里去寻找呢？"

男孩说："只要给我一个行囊、一个指南针即可。我打算离开你们，去寻找自己的坐标。"

父亲给了男孩500美元，说："那你去吧，我和你妈妈在家里等你的好消息。"

男孩去了离家很远的一个城市，摆脱了父母的唠叨，高兴极了。

都市的生活做什么都需要钱，500美元很快就被他花完了。看着日渐干瘪的钱包，男孩想放弃，决定回家。但一想到回家可能受到父母的嘲笑，决定先在城市待一段时间，找份工作，挣点钱。

男孩走上了找工作之路，最后被一家理发店聘用，当了学徒工。老板只提供一日三餐和住宿，没有工资。男孩不仅要给客人洗头，还要负责扫地……在岁月的磨砺中，他的脸上多了一些稳重和成熟。男孩渐渐懂得了父母的不易，夜深人静时总会想起他们。

为了不让父母担心，每次打电话时，男孩都会用欢快的语调跟他们聊天。电话那端是爸爸激动的声音和妈妈喜悦的啜泣。挂电话的时候，妈妈都会说："如果工作不满意，就回来吧。"男孩都会被妈妈的话感动得泪流满面。

圣诞期间，男孩登上了回家的火车。在行囊中，装着他用自己的工资给父母买的两套内衣，包装得朴实而美丽。

随着年龄的增长，孩子的身心都会发生巨大变化。叛逆就像一颗等待萌生的种子，也会在孩子的体内蠢蠢欲动。他们渴望被成人认同，渴望通过叛逆的行为来向世界昭示自己已经长大了。

为了让孩子不再"叛逆"，很多父母都会找些办法来"修理"孩子。其实，孩子叛逆是好的开始，只要应对得当，孩子就能受益一生；反之，可能害了孩子。

对于少年期的叛逆，每个人都曾经历过，但当了父母后，很少有父母能真正理解孩子的感受。其实，孩子的叛逆本身并不是什么大问题，毕竟每个人的内心都存在叛逆的倾向。在孩子成长的过程中，叛逆也只是暂时的。经过这短暂的挣扎与痛苦，孩子才能慢慢地长大、成熟，才会真正理解父母的用心。

1. 跟孩子多一些沟通和交流

如今孩子面对的压力都很大，如果无法有效缓解，就会出现叛逆行为，这是很正常的现象。父母不要着急，不要单纯地为孩子的行为而担忧，要用平静的心态多跟孩子沟通，听听他们的真实想法，引导他们朝着正确的方向发展。

2. 尊重孩子的独立意识

叛逆期孩子行为的显著特征是独立与幼稚并存，他们渴望独立，在行为上会表现得稍为幼稚。一旦自己表现出幼稚的行为或说了幼稚的话，他们也会觉得不好意思，进而会进一步想要独立。父母如果不懂得尊重孩子，不给孩子提供锻炼、思考、选择的机会，孩子就会变得更加叛逆，所以，要想让孩子少些叛逆心，父母就要尊重他们的独立意识，多给他们一些自由。

3. 将孩子当作成人来看待

在父母眼里，孩子永远都是长不大的。可是，在十几岁的孩子心里，他们已经长大了，不再是小孩子了。这时候如果父母还用对待小孩子的方式来对待他们，他们就会忍无可忍，继而"反抗"。所以，父母要改变一下对待孩子的方式，不要将自己的关注点仍然放在孩子的吃穿用上，要像对待成人一样来对待自己的孩子，一旦孩子从父母这里感受到了尊重和重视，他们就会比较配合。

叛逆期小叮咛

不论处于哪个年龄段，每个人的身体里都有叛逆因子。只不过在特定的叛逆期，孩子的叛逆心理更强烈，叛逆行为更令大人费解。因此，父母一定要正确认识孩子的叛逆行为，更要对孩子多一些理解。

叛逆心理是孩子心思不成熟的映射

　　叛逆期的孩子心理上的成熟要落后于生理上的成熟，他们缺少人生阅历，社会经验少，对事物的认识容易出现动摇，容易偏激、片面、固执甚至极端化地做事，甚至还会把父母的劝说、提醒和督促当作对自己的不理解、不尊重，继而做出违背父母初衷的事情……这些都是孩子不成熟的表现。父母要冷静地观察孩子的言行，耐心地应对他们的叛逆，多做情感交流，引导他们渐渐领悟。孩子都是在犯错中长大的，因此父母千万不要因一时的生气而放弃了自己作为父母的责任。

　　天气闷热，放暑假在家的初中生小婷在家里玩电脑。看到女儿沉迷于电脑，爸爸生气地说："整天抱着电脑，你就没别的事可做吗！暑假作业写完了吗？"之后，爸爸就开始训斥小婷。小婷虽然已经14岁了，但比较幼稚，受到爸爸的批评后，情绪异常激动，拉开门，下了楼，消失在了茫茫夜色中。晚上11点，看到小婷还没回来，父母便开始寻找。结果亲戚、朋友、同学家都没有小婷的身影，父母立刻报了警。

案例中的小婷已经上了初中，但是行为依然如此冲动和叛逆，为何会出现这样的情况呢？其实细细想来，不仅案例中的小婷如此，现在很多孩子都如此，身体长高了，心理的发展却严重滞后于身体发育。他们娇生惯养，没有经历过挫折，受不得半分委屈，心智十分不成熟。

那么，这时期的孩子为何会出现这种状况呢？

第一，从小娇生惯养。从孩子出生起，很多父母便把他们宠得像个小皇帝、小公主：既怕凉着又怕热着，既怕撑着又怕饿着；只要孩子高兴，要什么就给什么，说什么就是什么。再加上爷爷奶奶、姥爷姥姥的无限娇惯，使孩子幼小的心灵渐渐地产生了唯我独尊的心理，继而变得叛逆。

第二，相关教育起步晚。有的父母认为，孩子太小，根本不懂事，等大一些再说。这种想法是错误的。心智是培养、磨炼出来的，而不是靠时间等出来的。孩子到了一定的年龄，父母就要开启孩子的心智培养和磨炼历程，不能只让孩子识字、背单词、弹中外名曲。缺少这样的教育，孩子也会变得叛逆。

第三，缺乏挫折训练。当孩子遇到挫折时，很多父母不是鼓励

孩子战胜困难，而是先替孩子抱怨辛苦，然后帮孩子找借口，最后
告诉孩子放弃。比如，当孩子和同学发生矛盾时，很多父母不是教
育、开导自己的孩子，而是情绪激动地找对方理论，替孩子出气。
这种做法很容易对孩子性格的形成造成不良影响。

心理学认为，磨炼成熟的心智，对孩子的一生都起着非常重
要的作用，因此为了减少孩子的叛逆心理，就要不断地磨炼他们的
心智。

1. 让孩子相信自己

通常孩子心智不成熟的原因，主要是自信心不足、做事缺方
法。当他们做事缺少主动性和自发性时，父母要多给他们提供锻炼
的机会，让他们从简单的小事做起，然后再循序渐进地增加难度。
锻炼的机会多了，成功的概率也就大了，受到的表扬也会多起来，
孩子的自信心自然就增强了。只要孩子变得自信了，就能正确地思
考和判断，就会对父母少一些反抗和叛逆。

2. 让孩子多一些耐心

要想减少孩子的叛逆，父母就要培养他们的耐心。比如，可以
让孩子练习下棋、绘画、钓鱼等磨炼耐心的事情。同时，不管孩子
做什么，做的结果好坏，父母都要让孩子坚持到底，决不能半途而
废。遇到问题的时候，要鼓励他们想办法，一定要把难题攻克。

3. 让孩子坚强起来

在学习和生活中，孩子会遇到各种困难，有时可能是难以逾

越的鸿沟。父母要提前给孩子打预防针，让他们做好心理准备。同时，要多对他们进行挫折训练，给孩子出难题、设障碍，让他们自己解决，从中磨炼他们的坚强意志。要告诉孩子：强者之所以被称为强者，是因为他们敢为别人所不敢为；成功者往往是那些受过大辱和遭过大难后依然坚强的人；伟大人物最明显的品格，就是拥有坚强的意志。

4. 引导孩子学会自控

娇生惯养的孩子做事会以自我为中心，当遇到不顺心的事情时，即使只是他人一句提醒的话，他们也会觉得很委屈。有时，即使是同学间的一句玩笑话，也可能引起他们的强烈不满。因此，父母要告诉孩子冲动是魔鬼，愤怒会让一个人失去理智、干出蠢事，而懂得自我控制和必要的忍耐才是强者的体现。

叛逆期小叮咛

心智成熟的孩子，说话会更加得体，做事会更加稳妥。喜欢跟父母或老师对着干的孩子，通常他们的心智也不太成熟。因此，对于叛逆期的孩子，父母不要将他们当作心智成熟者来对待，要用对待幼稚者的方法来对待。

家庭是滋生孩子叛逆心的摇篮

家庭是孩子成长过程中的主要环境，家庭中不同的教育方式将培养出孩子不同的品质与个性。如果家庭教育方式简单粗暴，如命令式的说教、专断式的压制、无休止的唠叨以及在生活、学习等方面期望值过高、要求过严等，都会给孩子造成压力，天长日久，孩子在心理上就有抵触，继而产生叛逆心理。因此，父母要转变教育观念，关注孩子的心灵，关爱孩子的成长，努力和孩子建立平等、尊重、信赖的亲子关系。

在网络上看到这样一则新闻，让人震惊，发人深思。

有两名12岁的男孩，手持玩具枪和一把弓箭，射杀了某小女孩的宠物兔子。从小区的监控视频看，两个小男孩本来是要射杀小区里的猫，但没有追上小猫，于是该女孩养在笼子里的兔子就遭了殃——他们用一根带有锋利金属头的箭射中了这只兔子。

　　看到心爱的兔子血淋淋地死去，小女孩心痛得大哭起来。周围的大人看到这种情形，非常担忧，因为这种弓箭的杀伤力有可能伤人，最后人们果断报警。

　　当天下午接到报警的民警就展开了调查，很快找到了那两个男孩。他们都是当地某中学初一的学生，承认自己是出于好玩心态射杀了养在笼中的兔子。

　　当民警问他们为何这样做的时候，他们给出了同样的回答：每次家里吃鸡鸭鱼肉的时候，爸爸都会跟他说这些东西都是用来被人类吃的，这就是他们生存的意义；在外面遇到小动物的时候，爸爸也会跟他一起玩用石头打小动物的游戏。

　　这些年，中学生虐待动物的新闻屡见不鲜。我们知道，孩子的行为是其内心世界的一种折射，对于有暴力倾向的孩子，虽然不能简单地判定其一定存在心理问题，但这种暴力倾向仍然需要引起父母的警惕。

　　孩子从出生到长大成人都会经历叛逆期，可是很多父母并没有把孩子叛逆期暴力行为的诱因归结为家庭教育的缺失。家庭对孩子的影响是巨大的，在良好的家庭教育环境里，孩子的成长就是顺利的；在不好的家庭教育环境里成长的孩子，无论是性格还是品行都会有所偏差。

　　如果父母没有这个意识，即使掌握了太多的教养技巧也无用。

在这些家庭关系中一旦亲子关系出现问题，父母很难快乐。当父母不快乐时，自我为中心的孩子就会倾向于自责，会认定"都是因为我不够好，爸爸妈妈才……"这样的孩子长大后，其自我价值感会非常低，潜意识中就会认同自己是不值得被爱、不值得被尊重的没有价值的人。因此，要想减少孩子的叛逆心理，父母就要重视家庭教育。

1. 营造民主平等的家庭氛围

在强势父母的教育下，孩子的言行会受到种种约束，继而变得自卑、懦弱，缺乏安全感，叛逆不羁。强势的父母可能教育出热衷暴力、不讲道理的孩子，甚至长大后还可能会重复与父母相同模式的悲惨婚姻。所以，营造一个互相尊重、民主平等的家庭氛围至关重要。

2. 孩子与父母过度亲密，易强化孩子的依恋行为

精神分析理论认为，亲子关系过度亲密可能导致孩子性别认同与性意识发展延迟，使孩子内心印刻着无论如何也摆不脱的"俄狄浦斯情结"。尤其是强势、独占亲子互动的父母，投入的爱越多，期待的收获就越大，亲子联结也越深，这种行为更易强化孩子对父母的依恋。

3. 父母不可对孩子太冷漠

一些夫妻感情淡漠，但为了诸多原因又维系着夫妻之名。为避免争吵，他们干脆压抑情感、避免与家人过多交流，甚至与家人

形同陌路。生活在这种家庭里的孩子很会揣摩大人的心思，长大后则擅长揣测他人的心理，但他们难以与人建立亲密的关系，容易向人示弱，也没有独立的想法。

4. 家庭破裂对孩子有影响

单亲家庭的孩子往往承受着来自家庭、学校和社会的更大的压力。父母若迟迟走不出婚姻破裂的阴影，就会使孩子对自己的现状感到失望、无助，情绪就会压抑、愤怒、怨恨等。有些孩子甚至会产生强烈的自卑感，自尊心极易受伤害，回避与同伴的交往，变得孤僻退缩。

叛逆期小叮咛

从小生活在良好的家庭氛围中，孩子的心理发展就会更健全。很多孩子的叛逆心理之所以十分严重，其中一个原因就是家庭环境不好，如父母整天吵架、说话尖酸刻薄、互相不理解……因此，当孩子叛逆时，父母有必要检视一下自己为孩子营造了怎样的家庭氛围。

叛逆心与孩子学校的不良因素有关

　　学校是叛逆期孩子成长的社会化的主要环境，如果老师教育方法不当，如形式教育报喜不报忧，注重成绩而挑剔缺点，不尊重和体谅学生，方法简单粗暴，不注重培养孩子的主动性、参与性、合作性，不注重孩子个体差异性的存在等，孩子就会在苦学、厌学、逃学等行为中变得叛逆和对抗，以此来争取自己得不到保证的主体性权利和自主性。所以，叛逆期孩子受学校的不良因素影响非常大，父母要高度重视，不能一发现孩子叛逆就把责任和问题推给老师，这是不负责任的表现。

　　正在上班期间，王女士接到了儿子数学老师打来的电话："你儿子李科今天上课顶撞了我。我批评了两句，他就拎起书包冲出教室，可能回家去了。"王女士听了心里"咯噔"一下，儿子李科不会干傻事吧？于是，她立刻请假直奔儿子学校。

远远地，在学校和街道的拐角处，王女士就看到了低头拎着书包、后背靠在墙上的儿子，她那悬着的心才放了下来，随之升起的却是不可遏制的怒火：这小子，胆子也太大了，居然敢顶撞老师？

站在儿子面前，王女士才发现一向坚强的儿子竟然在啜泣。抬头看她时，儿子的满脸都是泪痕。王女士有些心疼，但没有迁就他。

"咋回事？"王女士努力使自己保持平静。儿子没有立刻回答她，而是扭过头，擦去自己的泪。

"咱先回家，冷静冷静。"说话间，王女士将手搭在儿子肩上，试图拉着儿子走向回家的方向。儿子僵持半天，过了好一会儿才随她回家。

原来上数学课时，两个不爱学习的学生在课堂上小声说话，老师先看了他们一眼，后来示意他们停下来。可那两个学生不理会，依然说个不停。数学老师生气了，说："我心情不好，你们自己上自习吧。"之后就准备离开教室。这时，李科站起来，说："老师，那我们心情不好，是不是就可以不上学？家长心情不好，是不是就可以不上班？"结果，李科被数学老师教训了一通，数学老师对李科说"不愿意上学就回去"，于是儿子李科拎起书包冲出了教室。

在成长的过程中很多孩子都会出现叛逆行为。父母不要因冲动而失去理智，要努力了解事情的真相，正确地对孩子加以引导。

学校本应是一个培养完美人格、教授知识、传授道理的地方，但是我们偶尔会听到学校因学生的叛逆行为而将学生开除等消息。诚然，每个学校都有自己的规矩和纪律，但这种规矩和纪律不能为了图省事和强调权威而不让学生有任何发声的机会。

所谓的叛逆，是孩子成长过程中教育者的缺席，如爱的缺席，耐心的缺席，纠正的缺席。在这件事情上，学校如果不反思为什么学生会违反禁例，而是抱着以禁例为底线，以不容置疑的做派对孩子进行惩处，实则是对孩子的一种摧残和伤害！面对这种情况，父母应该做的是什么呢？

1. 先安抚孩子的情绪，再询问事情的经过

当孩子情绪不稳定时，说出来的事情可能会有所偏差。这时候先稳定孩子的情绪是最重要的。然后，不要被孩子的情绪牵着走，要将孩子的情绪引向平静。总之，父母记住一点：先关照孩子的情绪，后处理孩子的问题。

2. 尽量在第一时间与老师沟通

与老师沟通时，父母尽量不要直接责问事情的经过，要先表达对老师的歉意。尤其是在孩子与老师发生冲突以后，父母更需要保持冷静的头脑。

3. 多方了解，和谐沟通

要进一步与老师和孩子分别进行沟通，两边都表示理解。等大家情绪都稳定下来以后，再用适当的方法处理事情。

叛逆期小叮咛

孩子的心智发展还不成熟，容易受到外界事物的影响。比如，如果某个老师对孩子的在校行为表现出了不满，或总是批评或训斥孩子，孩子就会变得很叛逆，继而跟老师对着干。因此，要让孩子处理好自己跟老师的关系，正确认识个体和学校的关系。

不良社交因素，也会让孩子叛逆没商量

　　同辈群体或相近群体的互相认同、相互感染与转化作用非常大，在青少年中出现的不良英雄主义，如爱出风头、喜欢表现自我、爱唱反调等可能潜移默化地影响模仿性强的孩子，容易使他们形成叛逆心理。因此，父母要注重引导孩子去正确认识社会现象，分辨不同性质言行的社会责任与起码良知。多留意孩子平时所交的朋友，多了解他们日常的活动规律和表现，让孩子学会正确交友，顺利完善自我。

　　鑫鑫原本成绩非常好，小升初时因为考试失误没有考进重点初中，而是进了一所普通初中。就这样，鑫鑫在这所普通初中表现得出类拔萃，成绩遥遥领先。她不仅是班级第一，还是年级第一，而且成绩往往比班级第二名高出好多分。

　　渐渐地，鑫鑫在全校出名了，尤其是在同年级的同学中，很多孩子都特别佩服鑫鑫。但是，有个别嫉妒心强的孩子看鑫鑫总是不服气，因而决定想办法"惩罚"鑫鑫一下。

在这几个嫉妒鑫鑫的孩子中，小芬的行为最恶劣。小芬是班级的第二名，每次考试成绩都比鑫鑫差，因此她很不服气。这段时间，小芬联系了一个关系比较好的女生小妍，周末的时候小芬和小妍约鑫鑫去郊外玩耍。结果，到了偏僻的某个地方，小芬带头质问鑫鑫为何总是和她过不去。

鑫鑫一直专心学习，根本不知道自己怎么得罪了小芬和小妍，因此完全摸不着头脑，更不知道如何安抚暴怒的小芬。

最终，由于言语失和，小芬对鑫鑫动起手来。一开始，小妍劝小芬不要动手，但是小芬说："小妍，你是不是我朋友，关键时候最能看出你的真心！"就这样，在小芬和鑫鑫两个人推搡的过程中，小妍为了"朋友义气"，最后动手推了鑫鑫一下。由于鑫鑫的身体失去了平衡，一不小心被石头绊倒了，手臂被划破了一道小口子。

当晚，妈妈发现鑫鑫的手臂有点红肿，而且有一道伤口，经过再三追问，才知道事情的真相。妈妈当即联系了老师，次日一大早就去学校处理这件事情。

在父母的再三开导和老师的耐心劝说下，小妍终于说出自己的心里话："原本我是不太想参与欺负鑫鑫的，甚至对鑫鑫还有点崇拜。但是没办法，我作为小芬的朋友，出于义气才动手的！"

小芬也向老师陈述："鑫鑫太优秀了，她总是考得比我好，有她在，我不管怎么努力都无法考到第一名。我希望她转学。"

听了小妍和小芬的话，父母和老师都大吃一惊。小芬的这种不当的竞争心理值得父母重视，同时，小妍这种没有原则的朋友义气也值得父母深思。

为什么孩子这么容易受同辈群体社交因素的消极影响？

第一，自卑心理在作祟。没有安全感的孩子总是渴望得到同辈的认可和接受。他们缺少强烈的自我认同感，所以这使他们更容易受到同辈的负面影响。如果在同辈中有人有着强大的社交能力和自信心，那么这个人仿佛就是最有"魅力"的。换句话说，自我怀疑的孩子会在同辈中寻找自己缺乏的东西。

第二，缺乏正能量的成人作为榜样。青春期的孩子需要在家庭成员之外，与其他人建立一种积极关系，从而使情感更加健康地发展。如果孩子缺少成人榜样时，他们就会在同龄人中寻找那些"领导者"。这样就造成了一种心理发展的不平衡，这会使孩子完全受制于自己所选的朋友，任凭那些朋友的"摆布"。

第三，父母的关系不好。青春叛逆期的孩子显然会想逃离充满争吵和矛盾的家庭。家庭越不和谐，孩子就越容易受到同辈的消极影响。这样，孩子对父母的不满就转换成与同辈一起进行的破坏和粗鲁行为。

如果孩子总是和不好的朋友在一起，那么父母就要明白这是孩子内心出现问题的迹象和征兆。在我们准备与孩子在其择友问题上做斗争时，一定要明白：这么做可能会使孩子变得更加叛逆，也会加固他们之间的关系。虽然禁止他们之间的亲密联系是一种选择，但是不妨先考虑这几种做法。

1. 倾听并认同孩子的苦恼

成年人常把渴望归属感当作一个人懦弱的表现，但其实这是青春叛逆期孩子的一种正常健康的心理需求。当孩子因"小伙伴们"的问题而苦恼时，倾听他们的苦恼，并承认我们也意识到他们很难做出决定。乐于倾听那些我们未必赞同的事，而且要以好奇又包容的态度，倾听过程中的沟通能帮助孩子独立思考。相反的，如果我们一下子跳到忠告者的角色，不但会让孩子对我们紧闭心门，还会增强"小伙伴们"在孩子内心的影响力。

2. 促进问题的解决

教给孩子一些重要的应对技能，让孩子在解决问题时处于主导地位。大多数情况下，由于我们都不在身边，如果教会孩子一些应对技能，这样孩子在做有关的决定时，就能独立、透彻地思考。

3. 教给孩子正确的方法

当看到其他孩子对自己的孩子不友好，或表现得比较专横霸道时，父母心里会十分难受。如果发现自己孩子在和朋友相处时有这种情况，可以帮助孩子练习如何做出合理的应对，比如，"我们上次玩了你喜欢的游戏，这次我想玩我喜欢的。"并不是所有的孩子都介意朋友处于主导地位，所以要和孩子讨论这种现象。这时候我们可以问孩子，"和他在一起时感觉如何"，并给孩子这样的建议："如果你大多数时候都感到很糟，你先不要和他走得太近，或许你应该多和那些能融洽相处的孩子在一起。"

4. 鼓励孩子发表自己的意见

允许孩子和父母的意见不同，这样能促使他们独立思考。父母希望孩子能自主思考，不屈从于同辈影响，但同时又希望他们听话，受父母自己影响。如果孩子在家时独立思考的意识不被看重，那么在与朋友相处时，他们很难突然有强烈的自主思考意识。

叛逆期小叮咛

同龄人之间的影响是巨大的。孩子之间存在着一定的模仿性。比如，如果看到某个同学跟老师对着干，或者跟父母唱反调，有些孩子就会模仿这个同学的行为，对老师或父母产生一定的对抗情绪，继而出现更多的叛逆言行。

大众传播与社会文化对孩子叛逆心的影响

以电视、网络为主的大众传播媒介的特点是注重大众化、新奇性。电视、电影、电子游戏的警匪战，到处充满血淋淋的镜头，以及色情、仇斗、黑吃黑等情节，特别是一些电视广告为了吸引收视率，一味地追求新、特、奇，这对青春叛逆期的孩子起了不少负面影响。也就是说，成人文化中的不良、世俗的因素，渗透并影响着叛逆期孩子的人生观和价值观。所以，父母要意识到大众传播媒介和社会文化对孩子的叛逆起着十分重要的影响。

一天，16岁的小孙和小赵通过手机看电视剧，受剧情的影响，突然心血来潮决定绑架附近的一名儿童来勒索钱财。

于是两人来到一条胡同，见到一名6岁的男孩浩浩独自一人背着书包步行，就骗他说："你爸让我们来接你。"取得浩浩的信任并得到其家人的手机号后，两人将浩浩带到附近的一处荒废的小木屋里。

接着，小孙和小赵二人商议向浩浩的父亲索要五万元，由小孙打电话给浩浩的父亲。

浩浩的父亲接到电话后，佯装答应他们的要求，并询问浩浩的下落。得知儿子在家附近的一处荒废的小木屋时，浩浩的父亲打电话报了警。最后小孙和小赵被警方带到了警察局，进行了批评教育。

看电视或网络视频，很多人认为这是让人休闲放松的好途径。可是，对于成长中的孩子来说，最可怕的不是看电视，而是去模仿电视或网络视频里的一些危险行为，造成不可逆转的悲剧。

不可否认，好的电视具有积极的导向作用，但是电视、网络视频中的暴力文化会影响孩子的心理健康。研究发现，观看电视暴力画面可能让孩子心理受到不好的影响，而这会严重影响孩子的未来。

同时，孩子观看电视暴力画面会变得更具侵略性，可能对暴力变得麻木不仁，也可能会做噩梦，或者怕有人伤害自己。暴力电视节目还会导致孩子对他人的同情心减少。

实践证明，孩子喜欢模仿在电视上看到的行为，甚至是暴力行为。事实上，电视剧经常把暴力行为描绘成某些人想要解决问题而采取的行动。因此，孩子看到后就会有样学样，他们更容易受到电视暴力行为的影响，并进行相应模仿。

此外，电视上的好人也会有暴力时刻，会扭曲孩子的道德。这同日常生活中，父母教给孩子的"打、踢的行为都是错误的"这些理论相违背，这会使孩子感到非常迷惑。如果有好人在电视上打和踢敌人，那么孩子可能认为这种行为是解决问题的好办法。

那么，面对如此情形，父母应该怎么做呢？严格禁止孩子看电视或视频网络吗？这里有两点建议供父母参考。

1. 全家一起看电视或网络视频

有的父母觉得，自己爱看的电视或网络视频节目和孩子喜欢的不同，没办法和孩子一起看。对此教育专家指出，父母对孩子的教育是多方面的，父母只有深入了解孩子的内心世界，并进一步了解孩子喜欢什么节目，与孩子分享电视或网络视频带来的快乐，同孩子一起探讨感兴趣的话题，只有父母自己掌握的信息比孩子多，才能有效地帮助孩子避免电视或网络视频给孩子带来的伤害，使孩子自觉自愿地接受父母的劝告和帮助。同时可以围绕电视节目进行交谈，增强孩子的理解水平和提高鉴赏力。选择好的、适合的电视节目陪孩子一起观看，并与孩子一起分享，这样，电视不仅是孩子的陪伴者、益友，帮助孩子在认知方面的成长，还能成为亲子沟通的最佳途径。

2. 选择适合孩子年龄的节目

每个电视或网络视频节目都有自己相对固定的观众群，并非所有的节目都对孩子的成长有益，并非所有的节目都适合孩子。父母要尽量选择适合孩子年龄的节目让孩子看，这样，孩子才能在最短时间内获得最大的收获。总的来说，父母必须先看一遍孩子喜欢看的节目，不要武断地认为卡通就一定是孩子喜欢并适合看的。内容太过暴力，或剧情过于荒诞的节目，都不适合孩子观看。因此，父母替孩子选择电视节目时，必须了解孩子所看的节目内容。如中小学生知识竞赛类节目、动物世界、各国的风光等节目都适合孩子观看。历史故事也可以看，但暴力、爱情、惊险类的影片最好不要看。

叛逆期小叮咛

大众传播每时每刻都在影响着我们，电视、报纸、图书、网络等都会在潜移默化中影响孩子。在这些媒介中出现叛逆的案例，孩子往往就会模仿，甚至还会比案例中的行为更具叛逆性。因此，父母一定要选择适合孩子的内容来让他们看。

第二章

爱孩子，就要让叛逆中的他管好自己的生活

"自己去查电脑" ——给孩子张嘴说话的机会

处在青春叛逆期，每个孩子都有自己的想法，都有自主与人交流的愿望。父母应该给孩子创造机会，让孩子将自己心中的想法表达出来，如此才能培养孩子独立自主的意识，他们才敢大胆地发出自己的声音。

傍晚去学校接儿子，看到儿子闷闷不乐的模样，妈妈问他："发生了什么事情？"

儿子认真地问道："妈，你说，蜘蛛是不是昆虫？"

妈妈愣了愣，小心翼翼地回答："好像……应该是昆虫吧？你怎么会有这样的问题？你都13岁了，居然连这个问题都不懂？不懂的话，自己去查电脑。"

儿子更不高兴了："怎么你们都说蜘蛛是昆虫？"他不再理妈妈，背着书包走到妈妈前面去了。

回到家，儿子立刻钻进了书房，打开电脑开始查找资料。很快，他就从椅子上一跃而起，跑到妈妈面前，喊道："妈，我是对的！"他重新回到座位上，大声地读着："昆虫有六条腿和两对翅膀，昆虫的身体由头、胸、腹三部分组成……蜘蛛并不是昆虫。"

妈妈疑惑地问他："怎么突然想起去查这个？""今天语文老师在课堂上说，蜘蛛是昆虫，我跟老师说'蜘蛛不是昆虫'，可是老师什么也不说就让我坐下了……我是不是有些草率？老师可能生气了。"

妈妈重重地搂了儿子一下："儿子，你真棒！你做得很好。每个人都会犯错误，老师也一样。你发现了错误还能及时指出，真是了不起！"听到妈妈的话，儿子双眼透着神采，开心地笑了。

"可能老师当时也没办法肯定蜘蛛是不是昆虫，所以就什么也没说。"妈妈接着补充。儿子说："妈，我明天去学校就跟老师说。"妈妈迟疑了一下，不知道是不是该继续鼓励儿子，但是觉得儿子能够具备独立思维并且勇于表达自己的意见，不应该阻止他。妈妈思索了一番，对儿子说："最好课后跟老师说，千万不能骄傲！"儿子点点头，郑重地说："放心吧，我知道！"

第二天，儿子放学回到家，喜笑颜开地说："妈，今天老师在课堂上表扬我了，还说大家都要学习我这种精神。"

孩子也有自己的思想和见解，但是如果不能很好地表达出来，别人就无法了解。孩子如果不说出自己内心的想法，父母就不能够很好地了解孩子的困惑，就不能给予及时的引导和帮助。

鼓励孩子说出心里的话，是保证孩子心理健康的有效途径。孩子之所以会在大人面前闹情绪，就是因为孩子的内心情感没有得到合理的宣泄。所以，父母要重视对孩子说话能力的培养，特别是对于一些不爱表达的孩子，要给予更多的鼓励和引导。

对于性格内向的孩子，要尽量让孩子多和外界接触，在和他人接触的过程中，培养孩子和他人交流沟通的好习惯。在孩子的成长过程中，要密切关注孩子的情绪和行为，帮助孩子找到合适的宣泄途径，让孩子在自由表达的同时培养其语言组织能力和思维的发散性。

1. 站在孩子的角度了解孩子

父母应站在孩子的角度，理解孩子的思维方式，引导他们正确地表达。对于孩子的想法，父母不要嘲笑他们的幼稚，而要从他们的视角去了解和理解。用孩子的思维方式去思考问题，才能更容易走进孩子的心灵，这样孩子才愿意将自己的观点和看法表达出来，从而得到父母和他人的理解。

2. 帮助孩子完整地表达

父母每天要安排和孩子共处的时间，在共处中认真聆听孩子的话，深入理解孩子的内心活动和感受。父母可以用自己的话对孩子的叙述加以解释，帮孩子明白他们要表达的确切意思。如果孩子不善于表达，不能将情绪和想法完整、准确地表达出来，父母就要及时地给予补充，帮助孩子完整地表达内心。

3. 努力培养孩子的自信

孩子如果缺乏自信，就无法将自己的想法准确地表达出来。他们害怕自己不恰当的表达会招致他人的嘲笑。父母要培养孩子的自信，让孩子看到自身的能力，把想法完整地表达给身边的人听，而不是将注意力放在别人对自己的看法上。

4. 允许孩子有自己的见解

父母应该鼓励孩子大胆地提出不同的意见，允许他们有自己的见解，努力为他们创造一个宽松的成长环境，以此培养孩子的求异思维和发散思维，鼓励孩子创新。如此，才能使孩子释放自己，坦然地接受失败和错误，并将其转化为成功的动力。同时，也给孩子展示自己的机会，让孩子在不断的表达中逐步培养自己的交际能力。

叛逆期小叮咛

叛逆期的孩子崇尚自我，若不让他们发表意见，只会让他们的叛逆现象愈演愈烈。因此，要想处理好亲子关系，要想让孩子主宰自己的生活，就要鼓励他们大胆表达感受，敢于发表自己的意见。只有给孩子创造更多的说话机会，孩子才会与大人更亲密。

"让我一个人待会儿"——鼓励孩子走出封闭的牢笼

　　封闭自己不但会让孩子对生活失去信心，做事情也会感到害怕和心灰意冷，最终走向极端，从而远离人生的正常轨迹。孩子封闭自己是心智和情绪发展的一种严重障碍，会错失融入群体的机会。所以，在如今快节奏的生活中，一定要让孩子走出自我封闭的牢笼，走到人群之中。

　　小可上小学五年级，每天很少有时间进行户外活动。在学校时是在学习，回家完成老师布置的作业后，就要练钢琴。在琴凳上坐上一个半小时之后，就该吃晚饭了。然后还要背英语单词，磨蹭一会儿就该上床睡觉了。

　　周末的时候，英语、作文、奥数等辅导班上完就不早了，之后还要写作业。所以，小可户外活动的时间很少。小可成了班上有名的肥胖同学之一，体重已经超过一百二十斤。

　　其实，妈妈并不是不想让小可玩。五一假期，妈妈本想带小可出门逛逛街，谁知小可一脸不高兴地说："我不想出门，让我一个人待会儿。"他表示自己只想在家里休息、上网、看电视。妈妈见这种情形，也不能强迫孩子，就提议去外公外婆家串门，谁料小可还是一脸不高兴地表示："我只想一个人在家待着，哪儿都不想去。"

生活中有这样一类孩子：喜欢把自己关在屋子里，把自己的身体、内心与外界完全隔离开来。要么沉默寡言，要么呆呆地盯着电视，要么眼神呆滞地把一页书看上半天，别人很难进入他们的内心世界……

心理封闭是叛逆期孩子常见的表现。孩子心理封闭的主要表现有：整天沉迷于自己的世界中、不愿意与他人交流、沉默寡言、生活自理能力及学习能力差、不愿意接触新鲜事物、有暴力和自残倾向等。

因此，对于已经出现心理封闭倾向的孩子，父母应该积极地为孩子寻求适当的医学治疗，想方设法地避免孩子向更糟的方面发展。只要父母进行正确的引导，打开孩子的心扉，使孩子保持乐观、开朗的心态，孩子就不会陷入封闭的怪圈了。

1. 让孩子多与外界保持沟通

经常带孩子出去逛逛。比如，在春暖花开的时候，一家人外出踏青或野炊都是很好的活动。另外，带着孩子走亲访友，而不要把孩子当作金丝雀给囚禁起来。这样，不仅孩子的阅历会逐渐增长，还可以学会用一颗真诚的心和他人相处。长此以往，孩子的思维方式和性格就会产生重大影响，并从中体会到和他人交往的快乐。

2. 让孩子学会与人相处

要想让孩子掌握人际交往的本领，平时就要让他们多与同龄人接触，让他们以真诚的心与不同的人群进行沟通，让孩子学会处理人际交往中遇到的问题。

3. 观察和了解孩子的状态

孩子在和别人玩，受到欺负时，他可能当时不敢反抗，只好回到家里向父母诉说。这时候，如果父母忽视了孩子心里的创伤，会让孩子越来越害怕与人交往，往后更会把自己封闭起来，逃避可能出现的伤害。所以当孩子第一次被欺负时，父母应该搞清楚状况，及时给孩子安慰，疏导孩子的不良情绪，教会孩子以理服人。

4. 给孩子创造与人合作的机会

可以交给孩子一些凭个人之力难以单独完成的任务，鼓励孩子与他人合作完成，增加他与他人交往的机会。同时，还要告诉孩子：一个人的力量很小，有些事情注定办不到。但是大家一起做，事情就好办了。如此，孩子就需要更多的朋友，才会在合作的过程中尝到友情所带来的甜蜜。

叛逆期小叮咛

　　孩子过于封闭自己，不仅会养成自闭的性格，还不利于良好人际关系的形成。因此，如果孩子不喜欢与人交往，父母就要鼓励他们多出去走走，鼓励他们多与人相处，接触的人多了，孩子的性格自然就会开朗很多。

"跟你有什么关系"——孩子的事情，要巧妙涉足

教育孩子的一个重要目标是让孩子学会避免冲突，与人友好相处，学会合作。事实上，孩子的日常活动中少不了冲突。冲突本身不是一件坏事，它可以让孩子在其中从不同出发点细致地重新审视自己，从而了解自己行为造成的后果以及理解他人的想法，然后克服认识偏差来认识人，珍惜与他人交往的机会，学会解决问题的方法，最终克服以自我为中心的心理倾向，学会尊重、理解和宽容他人。

大飞和小飞是家里的两个孩子，两人年龄相差两岁。从小生活在一起，两人之间有快乐，也有冲突。

一次吃饭的时候，妈妈刚把饭菜摆放到桌上，就听到孩子的争吵声。循声看去，妈妈看到两个孩子正在抢座位，各自抓着椅子不肯放手，谁也不让。

"我倒要看看他们怎样解决这个问题。"妈妈假装没看见。

两个孩子的争吵已经升级：大飞的脸涨得通红，小飞瞪圆了眼睛。兄弟俩就像好斗的公鸡，互不相让，僵持不下。

小飞先说话了："看电视，先让你选；看书，也是先让你选。我总是让着你，你就不能让我一次！"

大飞回答说："不行！我是哥哥，你得服从我！"

小飞也不甘示弱："我是弟弟，你得让着我！"

为了督促孩子吃饭，妈妈终于开口："别吵了，快吃饭！都十几岁的人了，还抢凳子，丢不丢人！"

谁知妈妈得到的却是两个孩子异口同声地回答："跟你有什么关系！"

这时，大飞说话了："石头、剪子、布，谁赢了就听谁的！"

经过一番角逐，小飞赢了，大飞只好表示服气。瞬间，饭桌上又恢复了往日的快乐气氛。

在冲突爆发时，如果父母及时介入可能会立即息事宁人，但孩子就失掉了可贵的解决冲突的机会，少了解决问题的经验积累。在这则案例中，父母以旁观者的身份在一旁观察他们的一举一动，没有介入孩子的争吵中帮助解决孩子的冲突，但孩子自己和平解决了。因此，在发生冲突的时候，父母不妨以观察者的身份多一分耐心，多一点等待，多给孩子一点时间和空间，这样孩子从中将收获更多！

孩子之间的冲突是难免的，但能够维持冲突之后的友好关系，才体现孩子的处事能力与本事。有的时候两个孩子闹了别扭，在父母的处理下平息了，其实孩子之间并没想那么多，认为小伤小痛不算什么，自愈的能力也很强。但这个时候，父母如果还非要辩个是非曲直，就等于是把孩子的伤口扒开，里里外外探个清楚，并且还要展示给他人看，让他人来评判。且不说这个评判是否公正，这个过程本身就是对孩子的再次伤害。

另外，大人一旦出面，事情就升级了，矛盾的双方由孩子扩大到父母，涉及的利害关系越来越大，自保的本能就会让双方偏离事实本身，很难有一种从容的心态和充分的思考，结果陷于情绪化之中，简单的事情也弄得复杂起来。再加上，大人对事情的处理方式会令孩子觉得可怕，最后弄得两个孩子之间有了隔阂。

再者，就算这一次父母为孩子讨回了公道，那下次呢？也就是说，父母的介入尽管可以解决一两次具体的矛盾，但改变不了孩子在群体中的处境。要知道，一个群体的结构是长期形成的，每个人都有相对固定的位置和作用，外力很难去撬动它。并且，孩子有自己的解决问题的方式，父母的无端介入对孩子而言就是"不顺服""搬救兵"，反而会加剧孩子之间的冲突。

因此，父母的介入要谨慎，最多在私下进行，最好不要将事情公开化，让孩子处于矛盾的焦点。大家的关注也是一种非常大的压力，会让矛盾双方都情绪失常。当父母把所有问题都搞清楚之后，和孩子进行充分沟通，达成共识，教给他们解决问题的方法，然后让孩子自己去解决，这样孩子才会获得比较有益的经验。

那么，在什么情况下，孩子的冲突才需要父母介入？

1. 孩子主动开口向大人求助时

通常，父母要判断孩子是不是真的受欺负了。并且父母不要逼迫或一直询问孩子在学校有没有被欺负，否则，就会造成孩子没被欺负也跟父母说自己受欺负了的局面。如果父母没有主动询问，而是孩子自己主动说出被欺负了，那么父母就要留意了。

通常来说，如果孩子自己觉得受伤比较大（不管是心灵还是身体），老师都会主动跟双方父母沟通。如果是老师疏忽了，没有沟通到位，父母也可以主动找老师沟通。

2. 孩子和同学长期不和时

假如孩子总是说自己被欺负了，问他们的时候却总是说和同学关系不好，并且孩子很难改变这种现状时，那么应该引起父母重视了。

3. 某种冲突反复发生时

当询问孩子具体细节的时候，父母发现某些冲突总是反反复复发生时，那么就应该意识到其中可能存在一些问题。

4. 遇到危险或者伤害时

如果看到孩子之间的矛盾升级到暴力，如打、咬等，明显有人会受到伤害，父母就应该立刻介入并制止。但是，也不要马上呵斥施暴者，要先救出并安慰受伤的孩子。当孩子带伤回来时，父母过问一下也无可厚非。只是，如何处理，追究到什么程度，应该在家和孩子商量好，充分尊重孩子自己的意愿。

5. 孩子总是愁眉苦脸时

孩子愁眉苦脸的原因可能有很多，如被老师批评、成绩不理想、和同学发生矛盾等。这时候，父母可以委婉地和孩子沟通一下，比如可以这样说："你最近总是愁眉苦脸，我们很担心。无论发生了什么事情，都可以跟爸爸妈妈说。"切记不要强迫孩子说，允许孩子保留自己的秘密，但也要表达自己倾听的愿望，这样，孩子就会感受到大人的尊重，也能体会到大人的关心。这不仅有利于发现孩子和同学之间的矛盾，还对亲子关系很有好处。

叛逆期小叮咛

当孩子之间发生冲突时，父母横加干涉，不仅会令孩子反感，还容易将小事扩大化。既然是孩子之间的事情，首先就要鼓励他们自己去解决。须知孩子之间的问题很容易化解，今天发生了矛盾，可能明天就好了，尤其是关系不错的孩子之间。

"我不想跟你说"——合理引导孩子跟父母畅快沟通

缺乏和孩子有效的沟通，是当前有关家庭教育的问题中最主要的表现。孩子白天在学校上学，放学之后一个人在家做作业，和父母的沟通越来越少。看到他们做得令自己不满意的时候，父母就表现得很失望，这样反而让孩子更加叛逆。因此，学会良好的沟通，去发现孩子真正的问题，然后再去引导孩子将自己想说的话说出来。

最近，儿子犯错误时会主动告诉爸爸，不像以前那样藏着掖着了。这算是一个不小的进步，爸爸暗自高兴。其实，这些变化源自父子之间一次真诚的沟通。

原来，儿子以前犯了错误，如把东西弄坏，或在学校闯了祸，总是不承认。每当这个时候，除非爸爸把他逼到墙角训斥一番后，孩子才会幽幽地承认，并且往往还会回一句："我不想跟你说。"

　　爸爸意识到问题的严重性，就和风细雨地追问儿子为何要隐瞒事实，为何不想跟他说。儿子起初采取沉默的态度对抗。后来经过爸爸再三启发，他竟然哭着说："我怕你打我。"

　　听到儿子带有哭腔的语调以及说出的这句话，爸爸有些呆住了。他不知道从何时起自己让儿子有了这么恐惧的感觉。相信应该是自己在某件事情处理的过程中过于严厉，给儿子留下了心理阴影。

　　那天，爸爸独自坐在沙发上，一件一件地回忆教育儿子的点点滴滴。突然爸爸发现自己在有些方面的确是耐心不够，对年幼的儿子严厉有余，沟通交流不足！

　　要想让孩子敞开心扉，就要学会倾听孩子的心声。细心观察孩子的行为，如果发现有些不妥当，就要及时追问，学会诱导，给予开解和帮助。最重要的是，学会与孩子沟通交流，尤其是在他们犯错误的时候要宽严相济。

　　作为父母，在和孩子沟通、交流的时候，是否时常会发觉原本自己是在关心孩子，可最终孩子却不领情；想说点知心话，却发现孩子心不在焉……这是因为孩子在与父母沟通时是有选择性的，如果父母不随着孩子的成长来选择合适的沟通方式，那么就很难打开孩子的心扉。

　　孩子在接受教育时是有选择性的，并非所有正确的、应该实施的教育内容都会被他们接受。也就是说，孩子只接受乐于接受的内容和方式。父母在对孩子说话时，往往是从自己认为应该对孩子说什么的角度出发，而很少考虑怎样说孩子才愿意接受。并且，父母常常忽视了孩子在不同的年龄阶段，其知识储蓄量、心理特点、生活经验及社会背景都在发生巨大的变化，即孩子的接受度是处在一个日益发展的动态过程中。如果父母对孩子说话的内容、方式不能与孩子的变化相吻合，那么最终只能是孩子越来越不听父母的话，或父母听不懂孩子在说啥。

1. 走进孩子的世界

把自己也变成孩子，走进他的世界，和他打成一片。

2. 了解孩子

要和孩子密切相处，从他的语言及行为中了解他的想法、喜好和内在需要。

3. 倾听孩子

在和孩子说话时，首先要仔细地把他的话听完，了解他的想法及立场。

4. 体会孩子

当孩子在外面受了委屈，或是与好朋友或心爱的宠物分离时，如果父母只是一味地告诉他"没关系，坚强一点，这没什么好难过的"，会让孩子觉得父母一点都不能体会他的感受。若父母能以同情和理解的态度对待孩子，适时地给予孩子情感的慰藉，就会让孩子慢慢地敞开心扉。

5. 降低要求

不要总是说一些让孩子无法理解的话，或提出一些孩子达不到的要求，否则会让他觉得压力大，总有挫败感。

6. 认真回答

当孩子提出问题时，应先了解其真正意图，并针对孩子的需要回答。比如，孩子问："妈，你要去买菜吗？"这个问题的可能意思是："妈，我想跟你一起去买菜。"假如我们知道孩子的真正意图，就可以说："要啊！你要不要一起去？"这样，孩子听了一定会很高兴。

7. 少些命令

如"我命令你……""我警告你……""你最好赶快……""你真傻""你太让我失望了"等带有指挥、命令、警告、责备、拒绝等负面意义的话语，要尽量少说。

叛逆期小叮咛

不了解孩子的想法，对孩子的事情横加干涉，就会诱发孩子的对抗和叛逆。因此，要想化解孩子的对抗情绪，就要多跟他们沟通，了解事情原委，这样彼此间的对抗就会少一些。

第三章

帮孩子，就要让叛逆
中的他搞好自己的主业

"我就是不想学"——跟孩子一起找到学习的动力

通常，孩子缺乏学习动力是其在成长过程中不好的家庭环境、挫折及压抑情绪导致的。要想彻底解决孩子的厌学问题，就必须解决这些诱发因素。

小雨成绩非常好，一直名列前茅。但是，最近小雨越来越不爱学习了，她感到很压抑。每当妈妈督促她学习时，她的回答都是："我就是不想学！"

为了解决这个问题，小雨的爸爸向一个从事心理咨询的老师进行在线倾诉：我觉得，小雨学习非常不踏实，但还算认真。虽然作业都按时完成，但并不算刻苦。小雨还调侃说自己这样，也不知道为什么成绩还是那么好。她觉得是自己运气好，再加上点小聪明，所以成绩才会一直不错。升入高三后，小雨变得越来越浮躁，觉得自己即使不认真学习，成绩也会好，所以在学习上花费的时间也逐渐减少。结果，她考试排名直线下降。

咨询老师分析了小雨的情况后，告诉小雨的爸爸，小雨的问题主要出在没有学习动力上，之后，还告诉他一些方法。在之后的生活中，爸爸将这些方法运用到小雨身上，果然很有效果。

小雨也意识到了自己的问题，变被动为主动，改变了学习状态。

不可否认，学习动力不足是导致小雨出现不积极学习的一个主要原因。通常，孩子缺乏学习动力有这样几个原因。

第一，孩子认为学习是为了完成父母和老师的任务。孩子错误地认为学习是为了完成父母和老师的任务。尤其是进入中学后，孩子不能快速适应中学的学习环境，成绩快速下降，在悲观失望中产生厌学情绪，甚至对学习失去兴趣和信心。

第二，家庭的压力而产生的厌学心理。很多父母要求孩子考出好成绩，能够超越别人。一旦孩子考不好，父母非打即骂，给孩子增加了心理压力。

第三，学习方法沉闷单调使孩子感觉学习枯燥乏味。有些孩子虽然花费了大量的时间和精力去学习，但由于没有掌握正确的学习方法，结果在考试中屡次遭受失败，继而产生了厌学心理。

为了激发孩子的学习动力，父母可以从四个方面进行尝试。

1. 对孩子的期望值要恰当

父母要把对孩子的期望值设置在合适的范围内，要确保设定的目标是孩子跳一跳就能达到的，否则会让孩子失去信心。

2. 承认差异，发现孩子的潜能

不要攀比，承认孩子的不足，挖掘孩子的优点和潜能，以孩子的实际情况为基础进行强化。具体来讲就是，父母要发现孩子在哪些方面具有什么特点，又有什么长处，要了解孩子在哪些方面更有潜力，不要为了自己的面子逼着孩子读书。

3. 让孩子体会成就感

莫言为什么会喜欢写作？他自己回忆说，因为小学三年级的语文老师很喜欢他，把他的文章当作范文读出来。这就给我们了一个启示：孩子需要多鼓励，要给他成功的体验，培养孩子的成就感。因为有了成就感，孩子学习起来才会有兴趣。

4. 为孩子解决具体问题

当孩子遇到困难时，只是在旁边说"我相信你""你一定可以的"这类话意义不大，父母还要适时地帮助孩子解决一些具体的问题。

叛逆期小叮咛

处于青春叛逆期的孩子不想学习是一种很常见的现象，甚至父母越让孩子学习，他们越不想学。要想让孩子对学习提高兴趣，就要帮他们找到学习的动力。

"我最讨厌英语了"——提高孩子对弱势科目的兴趣

常有父母问："我的孩子语文学得好，但数学却很一般，应该怎么办？"或者问："我孩子理科成绩很好，但文科成绩较差，应该怎么办……"其实，这些问题本质上都可以归结为孩子出现了偏科该怎么办。小学和初中阶段是打基础的阶段，如果这时孩子出现偏科，会使基础打得不牢，对孩子今后的学习影响巨大，还会影响升学考试这一非常现实的问题。

期末考试成绩公布了，小城的英语仅考了39分，而数学和语文都考了90分以上。拿到试卷后，爸爸妈妈不约而同地叹息：果然不出所料，这孩子英语成绩又是低得可怜。

小城不是一个笨孩子，可不知为什么他对英语总是提不起兴趣。在上数学和语文课时，他表现得特别兴奋，积极发言，而且能举一反三，时常得到老师的表扬。可是一轮到英语课，他那兴奋的劲头就没了，思维也不敏捷了。在课堂上，他最怕英语老师叫他站起来回答问题，总是回避老师询问的目光，更不敢举手发言。问他英语学得不好的原因，他说："我最讨厌英语了，所以根本没兴趣。"

要想纠正孩子的偏科现象，首先要搞清引起孩子偏科的原因，然后对症下药，才能取得好的效果。通常，孩子偏科主要有三方面的原因。

第一，老师方面的问题。孩子如果偏爱某一个老师，就能提高该科目的学习成绩。而好的学习成绩，又强化了孩子对该科目的喜爱，从而形成良性循环。相反的，如果孩子不喜欢某个老师，也往往会不喜欢这个老师所教的科目。久而久之，孩子该科目的学习成绩就会下降，成绩下降又导致孩子丧失对这一科目的信心，形成恶性循环。

第二，孩子自身的原因。兴趣是孩子学习的动力。孩子重视感兴趣的科目，轻视不感兴趣的科目。当孩子对某个科目的兴趣较强时，就会产生学习动力，便能积极主动地去学这门科目。相反的，当孩子对某个科目的兴趣弱或没有兴趣时，自然不愿把工夫花在这门科目上，这样就使得孩子的科目强的更强，弱的更弱。

第三，家庭的影响。每个家庭都有自己特殊的地方，不同家庭的文化氛围、父母爱好以及父母职业等因素也会诱发孩子偏科。父母爱好文娱的，家庭艺术氛围就比较浓厚，孩子受家庭影响也往往偏爱文娱；父母爱好体育、喜欢运动的，孩子往往也偏爱体育。

找出孩子偏科的原因后，纠正偏科就该从根源上着手解决。

1. 让孩子提高积极的期望

积极期望就是从改善孩子自身的心理状态入手，对自己不喜欢的科目充满信心，相信该科目是非常有趣的，自己一定会对这个科目产生信心。想象中的"兴趣"会推动孩子认真学习该科目，从而引导孩子对此科目真正感兴趣。

2. 从可以达到的小目标开始

在学习之初，要让孩子给自己确定几个小目标，且目标不能定得太高，应从努力可达到的目标开始。不要期望在短期内将成绩大幅度提高上去。因为通常在努力学习一两周之后，发现成绩提高不大，孩子就会失去信心，从而厌恶学习。

3. 了解学习目的，间接建立兴趣

这里的学习目的，是指某科目的学习结果是什么，为什么要学习该科目。当学习该科目没有太强的吸引力时，对最终目标的了解是很重要的。学习过程多半都是要经过长期艰苦努力的，这种艰巨性往往让人望而却步，而学习又是学生的天职，不能不学。所以要让孩子认真了解每门科目的学习目的，这样才能间接培养孩子的学习兴趣。

4. 通过奖励，培养自我成功感

在学习的过程中每取得一个小成功，父母就要对孩子进行奖

赏，比如，达到什么目标，就给什么样的奖励。有小进步，实现小目标，给孩子小奖赏；有大进步、实现大目标，就给予大奖励。通过渐次奖励来巩固孩子的行为，有助于孩子产生自我成功感，不知不觉就会对某个科目培养出浓厚的兴趣。

叛逆期小叮咛

　　孩子不喜欢某个科目或者偏科，原因有很多。这时候越是强迫或训斥孩子，越容易使孩子跟父母对着干。最好想办法引导孩子提高对某个科目的兴趣，引导他们爱上弱势科目。一定要记住：唯有兴趣，才是孩子学习的最好老师。

"我们英语老师太凶"——引导孩子适应老师的风格

听到孩子对老师的不满后，父母首先要明确一点，多数老师都是充满爱心、无私奉献和受过很好的教育培训的。每一位老师都有自己的风格，要引导孩子去适应这一点。因此，当孩子说"我们的英语老师太凶了，我不喜欢她"之类的话时，父母要引导孩子多站在老师的立场思考问题，而不是说教、威胁或找人去"解决"。

"我们英语老师太凶了，一点也没有原来的英语老师好，我不喜欢她。"儿子放学一回到家，就气呼呼地抱怨起英语老师来。儿子好像对这个英语老师很有意见，开学以来已经抱怨过好几回了。

妈妈问儿子："老师因为什么凶啊？是不是有什么原因呢？是因为你们不遵守课堂纪律，还是因为有同学不专心听讲？"

儿子嘟着嘴说："我也不知道，反正我就是不喜欢她。"

原来的英语老师年轻漂亮，和孩子们相处得很好，使得孩子们都很喜欢她。那时候，儿子学习英语也很有积极性。这个学期儿子原来的英语老师请了产假，换了一个年纪比较大的英语老师。这位英语老师比较严厉，但教学上很有一套。妈妈认为这是一位认真尽职的老师，或许只是性子比较急，导致孩子们不太适应新英语老师的教学方式。

由于不喜欢这个新英语老师，儿子这学期的英语成绩退步了不少。原来他每次考试都在九十分以上，现在只有七八十分，有一次还差点不及格。以前他经常会主动拿出英语课本让妈妈帮他一起背单词，现在妈妈几乎没有听到他朗读、背诵英语单词了。

妈妈告诉儿子，每位老师都有自己的教学风格，要学会适应不同老师的脾性和风格。也就是说，孩子既要适应性情温和的、有耐心的老师，并从他们那儿受益，也要适应那些严苛的老师，同样也能从他们那儿获得教益。

古语有言："亲其师，信其道。"诚然，孩子只有喜欢老师，他们多半才会喜欢该老师所教的科目，并使该科目的成绩不断提高。如果不喜欢某位老师，孩子就会不喜欢该老师所教的科目，并使该科目的成绩不断下降。

当发现孩子对某个任课老师有一些成见时，父母首先要做的是倾听，让孩子敞开心扉，然后深入了解孩子不喜欢该老师的原因，找准原因后帮助孩子缓解这种"不喜欢"的情绪，可以与老师和孩子进行良好的沟通。只要跟孩子建立良好的沟通关系，成为他们心目中真正的朋友，讨论问题时就容易多了。

了解到孩子的想法后，父母不要盲目信从，要及时与老师联系，先听听老师对孩子的评价和想法。另外，还可以和孩子的同学、父母取得联系，听听他们对该老师的看法。此外，父母还要明白，叛逆期孩子的思维可能有一些偏见和不客观的事实。总的来说，唯有找到孩子不喜欢老师的原因，才能做进一步的分析，找到解决办法。

1. 深入了解"不喜欢"的原因

孩子为什么会对老师产生成见？是对老师为人的厌恶，对老师教学的厌恶，对老师教学方式的反对，还是对老师素质的鄙视？这几点都可能是孩子不喜欢老师的原因，因此要具体问题具体分析。比如，如果孩子认为这位老师存在人品或形象等方面的问题，那么就要和孩子达成一点共识，告诉孩子向这位老师学习专业知识即可，完全可以向其他人品和形象好的老师或者前辈学习其他方面的做人等。

2. 让孩子接受不完美的老师

正如世界上没有完美的人一样，世界上也没有完美的老师。有的老师教学和人品都没有问题，但就是比较严厉和苛刻。因此，当孩子和父母谈起某老师，同学们如何评价某老师，说起某老师的一些缺点时，父母除了耐心倾听之外，还要从侧面讲一些自己所知道的这位老师的优点，帮助老师在孩子心目中树立威信。

3. 引导孩子去适应新老师

一个人在求学的生涯中，从小学到大学，换老师是很正常的事情。在孩子新换了老师因不适应而不喜欢时，父母要努力帮孩子挖掘新老师的优点。比如，可以到学校做一些观察、调查，尽可能多地了解新老师的闪光点，然后将其告诉孩子，冲淡孩子对该老师的不良印象。同时，可以设法取得老师的帮助。孩子的可塑性是很强的，设法让新老师给予孩子一些"偏爱"，如批改作业时详细一些、作业后面多一些批语、多给孩子一些表扬鼓励和个别辅导等，相信孩子很快就能改变对新老师的看法。

叛逆期小叮咛

叛逆期的孩子不喜欢某个老师时，父母不要横加指责，否则只会造成孩子对该老师更大的反感。要引导孩子站在老师的立场上思考问题，要让孩子多想想老师的不易，引导孩子去适应各个老师的不同脾性和教学方法。

"我都紧张成这样了"——帮孩子缓解学习压力

叛逆期的孩子一般都缺乏丰富的人生经验，看问题不够全面，还会将不好的结果无限夸大，使自己的心理压力陡增。此时父母要想办法帮助孩子缓解过大的心理压力。

小蕾家境一般，其父母也没有接受过高等教育。但是，小蕾从小聪明好学，学习上从来不用父母操心，成绩一直名列前茅。

初中时，小蕾的成绩基本处在全班四十多人中的前十名。高中调入重点班后，由于竞争更为激烈，小蕾的成绩由前十名下降到十五六名。为此，小蕾学习也更加刻苦，每天学到深夜，也从不看电视或出去玩。

小蕾几乎把所有的时间和精力都用在了学习上，同时，也给自己带来了超负荷的心理压力。她怕看到老师和父母期待的目光，一遇到考试就十分紧张，常伴有口干、恶心、呕吐、吃不好、睡不好等症状，有时考试时甚至手指哆嗦、腹泻等。考试就像一块巨

石压在她的心上，成绩也每况愈下。为了缓解小蕾的情绪，妈妈鼓
励她："不要着急，慢慢来！"可是小蕾不但不领情，反而对妈妈
说："我都紧张成这样了，你还说！"

妈妈只好不再说什么。虽然想帮帮孩子，可是孩子不让自己
说，妈妈也不敢乱说话了。

背负繁重学习压力的又岂止案例中这一个孩子？现实生活中父
母望子成龙心切，老师看重学习成绩，以至于很多孩子从童年时期
就背上了沉重的包袱。虽然在几年前国家教育部就已经提出了"减
负"，减轻不合理、不必要的课业负担，可是孩子的学习任务仍然
是"重于泰山"。

面对竞争这个大环境，很多父母看不得孩子清闲，他们认为如
果自己的孩子在课余时间没有写作业，或没去参加补习班，就是在
虚度光阴。于是自己在拼命工作赚钱的同时，也会把压力等量地传
给孩子，弄得孩子晕头转向，课余时间比在学校上学还忙，根本没
有时间玩。当孩子被逼无奈时，只能用极端的方式来抗争。

其实，孩子有自己的成长规律，作为父母不应该强行改变，不
应该把自己的思想强加在孩子身上。孩子在成长期生性好动，如果
这时候父母却用繁重的学习压力来束缚他们，从而使得失去自由的
孩子觉得做什么都没兴趣，不但学习效率会降低，还会造成身心的
不健康。

1. 不给负面评价，让孩子体验成功的快乐

叛逆期的孩子一般都很在意别人对自己的评价，他们往往是按照别人的评价去认识自己的。如果别人对孩子的评价都是负面的，那么孩子就会在做事情的时候总是失败。而总是失败的孩子体验不到成功的快乐，也就不会去努力。如果孩子总是完不成作业，那么父母最好让孩子先做几道容易的习题，让他轻而易举地完成，再调整作业的难度。如果孩子的学习成绩不好，那么父母不要将失败的原因归为孩子不聪明，而是从学习态度（是否认真）、意志力等方面去寻找原因，千万不要给孩子太多的负面评价。

2. 鼓励孩子自我激励

如果孩子经常自我激励、自我鞭策，往往就能避免学业上的失败。首先，要帮助孩子树立自我激励的目标。其次，要让孩子学会自我暗示，经常对自己说激励的话，如"我一定能将这套题做完""这次一定能取得好成绩"。再次，让孩子在行动中摆脱消极情绪。如果孩子因为怕学习失败而产生恐惧心理，那么父母就要告诉孩子采取什么样的行动能够消除这种情绪。

3. 指导孩子学习方法

在辅导孩子学习的时候，总是主动替孩子解决学习中的难题，会让孩子养成依赖心理和遇事退缩的习惯。正常的指导方法是，将具体的获得知识的方法教给孩子，如教孩子如何查工具书、如何获得自己想要的资料等。如果孩子在学习过程中抓不住重点，父

母可以有意识地每周给孩子找两篇长文章，让他把长文章缩写成短文章，缩写的过程既能体现孩子对知识的理解，又能激发孩子的创造力。

4. 对孩子的问题认真回答

对于孩子的任何提问，父母都应该认真回答。即使自己不知道怎么回答，也要和孩子一起寻找答案，不要因为自己不会而搪塞和敷衍孩子，要让孩子在寻找答案的过程中获得乐趣。

叛逆期小叮咛

处于叛逆期的孩子在学习上多半都会感到压力大，这本不应该由弱小的肩膀来承受。如果父母发现孩子感到学习紧张、考试紧张或回答问题紧张，就要引导孩子适当为自己减压。

"谁报的班，谁去上"——报辅导班，要跟孩子多商量

如今，形形色色的课外辅导班的兴起，不仅说明父母家教观念的增强，重视对孩子的教育，舍得对孩子进行智力投资，还说明父母希望提高孩子的综合学习能力。孩子的兴趣爱好受到重视，可得到培养与引导，使潜能得到发挥，但参与课外辅导、补习过多，或不符合孩子的兴趣与个性，就容易造成负面后果。因此，报辅导班的时候要多跟孩子商量一下。

儿子今年14岁，开学后就该上初三了。儿子虽然比较聪明，但是不够刻苦，所以学习成绩始终不稳定，时好时坏。"初三特别关键，如果这一年'抓不住'，到时候恐怕你连高中都考不上。"李女士这样对儿子说。为此，暑假前她自作主张地给儿子报了两个辅导班。一开始儿子虽然不大乐意，但每次都能按时去上课。

这一天，上午有英语辅导课。吃过早饭，李女士就催儿子上

课。但不管她怎么催，儿子就是坐在电脑前一动不动。

李女士急了，上去就给儿子一顿训斥："为了给你补课，我交了好几千块。你说不去就不去了！"说完见儿子无动于衷，还给了儿子一记耳光。

这一记耳光令儿子愤怒到了极点，毫不客气地说："谁报的班，谁去上！"说完，儿子就打开门，离开了家。

事后儿子躲到同学家不回家。而李女士也为自己的独断专行感到非常后悔。

站在中立的角度看，我们完全能够理解父母的良苦用心，但假期给孩子报什么辅导班、报几个辅导班，事先都要征求孩子的意见。否则，把自己的意志强加给孩子，如果孩子不愿意，就不会认真学。因此，要想收到良好的辅导效果，父母给孩子报辅导班时一定要事先征得孩子的同意。

随着孩子的不断成长，跟孩子有关的事情，父母最好放手让他们自己去选择，不要替孩子包办。即使父母有自己的想法，也要通过协商的方式把自己的意见传达给孩子，让孩子权衡利弊后再做出选择。

每个孩子都会出现与父母意见不一致的情况。这时候，孩子都希望父母能够尊重他们的意见，毕竟许多事情都需要孩子付出努力才能实现。倘若忽视了孩子的主观能动性，一味地用父母的威严来压制孩子，那么孩子即使口头上同意了，内心也无法产生努力的动力。在这种情况下，孩子就会感觉比较受伤，怎么可能与父母和睦共处呢？因此，一定要把属于孩子的事情交给孩子自己去做决定，父母的意见最好通过建议或者协商的方式传达给孩子，帮助孩子全面地认识问题。

1. 多些商量的语气，少些命令的口吻

父母不管要求孩子做什么事情，一定要注意用商量的口吻，而不要用命令的口吻。比如，当父母想让孩子报英语辅导班时，我们可以说："你的英语成绩不太好，暑假报个辅导班吧。"而不要说："我给你报了英语辅导班，一定得去学！"用商量的语气跟孩子说话，孩子会认为我们尊重他，关心他的感受，从而对我们产生信任感。

2. 凡事都要学会商量

不管什么事情，尤其是涉及孩子的事情，父母都不要自作主张，要学会与孩子协商，取得孩子的同意和认同。喜欢与孩子协商的父母是民主的，在这样的家庭氛围中的孩子会逐渐养成民主协商的习惯，愿意主动与父母进行沟通，这样的亲子关系才是令人羡慕的。

3. 以协商的口吻处理问题

当孩子的意见和大人发生冲突时，多数父母都不愿意自己的权威受到挑战，希望以父母的权威来压制孩子，使孩子改变主意。可是这样做，孩子不仅不会听从父母的意见，反而会产生逆反心理，

造成亲子关系的恶化。相反的，如果父母使用协商的口吻，让孩子体会到父母的尊重，体验到人格的平等。因此，父母只有放下架子，把孩子当成平等的人来对待，与孩子进行协商来处理问题，孩子才会接受父母的建议，共同解决问题。

叛逆期小叮咛

父母之所以要给孩子报辅导班，多半都是为了让孩子提高成绩，扩大兴趣爱好，取得一技之长。可是，孩子也是独立的个体，如果不跟孩子商量，肆意给他们报课外班，只能让他们心生抵触。因此，既然是为了孩子好，在为孩子报班之前就要尝试着跟孩子商量一下，给他们更多的尊重。

第四章

管孩子，就要让叛逆中的他学会与人正确交往

"我不想跟他们玩"——帮孩子走出社交恐惧症

　　良好的社交行为，不仅能够让孩子的业余生活更加丰富多彩，不至于无聊，同时也能促进孩子的社交能力，促进其社会性的发展。但是，如今很多孩子却怕见生人，一跟人说话就脸红，不愿到人多的场合去；有时候口齿不清、不敢抬头看人；严重时，部分孩子还会变得惶恐不安、心跳加快、手足无措等。这种社交现象被称为"社交恐惧"。不要觉得孩子这样做是听话、乖巧，其实这意味着部分孩子已经出现了心理问题，是孩子自卑的外在表现。因此，父母应重视并注意观察孩子是否有社交恐惧倾向，并纠正自己不恰当的教育行为。

　　小华聪明伶俐，学习刻苦，还是班长，颇得老师赏识。可是，由于在一次班会上发言时他说错了一句话，引得同学们哄堂大笑，他当时不知道是因为自己讲错话所致，而是以为自己脸上出现了什么东西或毛病，从那以后，他就认为自己长相难看，先是觉得脸不好看，后来又觉得头型不好看，再往后甚至觉得自己体形也不好看……他觉得自己浑身上下哪儿都不好看，以至于越来越在乎自己的长相，甚至想到了整容。上了高中后，小华的执念更深，也更疯狂，不仅贴面膜，甚至光顾美容院，希望通过这些方法使自己的长相有所变化。

随着时间的推移，小华越来越内向，越来越孤僻，最后变得极度自卑，甚至不敢走出家门，更不敢与他人交往。平时别人多看他一眼时，他就觉得是自己长得太难看才吸引了别人的视线；如果别人没有看他，他就觉得是因为自己长得不好看，别人才对他不屑一顾。后来，他几乎不敢在公众场合露面了，更别说与同学自如交谈了。为此，他痛苦不堪。

看到儿子小华没有好朋友，妈妈便鼓励他出去玩，可是小华给出的回答却是："我不想跟他们玩！"妈妈对此无可奈何。该如何来帮助孩子呢？

小华的症状，就是典型的社交恐惧症。面对陌生人，很多孩子都会感到害怕，只不过恐惧程度不同而已。从心理学角度来讲，患有社交恐惧症的孩子，他们总是走不出过去的泥潭，他们从小就存在一定的社交问题，随着年龄的增长，这些问题总是一遍遍地重复旧有的困扰，让孩子陷入痛苦之中而无法自拔。

每个孩子都要经历社会化过程，都要从家走向社会。如果孩子不敢与人交往，就会妨碍他们性格的发展和完善，对未来的学习和生活带来不利的影响。孩子偶尔一两次不敢与人交往，是正常的。但是如果反应过度，每次见到人都表现得缩手缩脚的，时间久了就会变得封闭起来。

要想帮孩子克服社交恐惧症，不妨从这几点开始做起。

1. 鼓励孩子克服自卑心理，战胜自己

要想让孩子走进社交圈子，就要让他们知道没有谁是十全十美的，每个人都有不足之处，不要无限夸大别人的优点，要放大自己的优点。同时，父母还要告诫孩子不必仰望别人，只要努力就可以变得很优秀。当孩子克服自卑心理，战胜自己时，他们的交往欲望就会明显增强。

2. 让孩子学会转换气氛

与他人交往时，可能因为某些原因，或者某种话题会令自己难以及时做出回应，有些孩子就会感到心理紧张。这时可以让孩子转换一下话题，缓和一下气氛。等到气氛融洽后，孩子自然就会说出实情，之后再心平气和地说明自己的意图。

3. 让孩子多吸收知识

有些孩子的羞怯并不完全是由过分紧张造成的，而是因为知识面过于狭窄，或对当前发生的事情知道得太少。因此，父母要在这方面多对孩子进行引导。平时，要让孩子加强对文学、音乐、绘画

等方面的学习，多看课外书籍、报刊，广泛地吸收各方面的知识。孩子吸收的知识越多，他们就会变得越自信，这样孩子的羞怯心理才会变弱。

4. 模拟交往

平时在家里时，父母可以为孩子虚拟一个公众场合，下面有无数听众，让孩子发言。经过长期艰苦的模拟训练，相信随着年龄的增长、个性的完善，孩子的社交恐惧症一定会克服的。

叛逆期小叮咛

当孩子不喜欢社交，而父母越强迫他们交朋友时，他们就会越反抗，甚至跟父母对着干。要想让孩子喜欢上社交，父母就要鼓励他们多交朋友，多参加集体活动，尽量不要让自己太孤立。

"多酷，我就是喜欢他"——引导孩子远离校外人士

印象中拉帮结派似乎是成人世界里才会出现的现象，事实上很多初中生、高中生也开始参与其中，结交一些社会不良青年，做出一些叛逆行为。这些叛逆的孩子不听从父母、老师的教诲，让大人担心不已。当孩子结交社会不良青年时，父母该怎么处理？

一位父亲发现儿子的手指上有烟熏的痕迹，经过他再三追问才知道，原来儿子与一个社会小"烟民"交上了朋友，逐渐由一个"旁观者"发展成吞云吐雾的"实践者"。虽然父亲多次讲解吸烟的危害，甚至"动武"要他与小"烟民"保持距离，可儿子仍然我行我素。

为了让孩子离那个小"烟民"远一些，父亲尝试了各种方法都没有效果。可是，儿子却说："多酷，我就是喜欢他。"后来，父亲向儿子的舅舅说起了这件事。由于舅舅在医院工作，他就带外甥

参观了医院的呼吸科病房，从窗外看着病人咳嗽不断、呼吸困难的样子，外甥顿感惊诧与恐惧。舅舅只告诉他一句话："这些人患病的原因很多都是吸烟引起的。"

从此，儿子慢慢戒掉了烟瘾，并且再也不与小"烟民"来往了。

长篇的说教，远不如用事实说话来得有效。孩子如果崇拜他人很会打架，父母就可以带他去看真正的武术训练，甚至可以让他参加一些武术训练班。相信当他见识到真正的功夫是强身健体，保护弱小之后，恐怕再也不会对他人"单纯的闹事打架"有什么崇拜了。

那么，为什么要担心孩子过多接触社会青年呢？因为很多社会青年小小年纪不思进取，整天游手好闲，在街道上乱跑，狐朋狗友一大帮。本质上，父母是担心孩子接触了社会不良青年而走上犯罪道路，很多孩子是因结交了社会上游手好闲的人才开始不务正业，甚至走向犯罪道路的。

这些现象让父母触目惊心，可是与其在担惊受怕中度日，怕孩子被人威胁诱惑，怕孩子因为冲动而做事情不顾后果，倒不如引导孩子远离社会青年。

1. 了解孩子为什么喜欢和社会青年在一起

（1）叛逆期的叛逆心理。在中国从孩子懂事开始，他们接触最多的就是自己的同龄孩子。这些同龄人之间拥有同样的年纪，同样的生长环境，同样的期望承载体，同样的老师，不同的是课本、性格、脸庞等。在这样的环境下，处于成长迅速、不断接受来自外界信息并消化吸收的孩子，是很难得到满足的。试想，让成人长期处于同一种工作环境下都会产生抱怨，更何况是叛逆期的孩子呢？

（2）对外界感到好奇。每个人都有对外界特别感兴趣的年龄段，叛逆期孩子的大脑里每天都会筛选出很多令他们好奇或费解的问题。如果这些问题无法得到解答，孩子就会更在意。加上社会青年多半都是辍学后找不到方向的叛逆孩子，他们长期游离于学校外面，自然对社会上的不良现象见得多、懂得多。他们掌握的这些东西，对于在校的叛逆期的孩子有着不可抗拒的诱惑，这也是孩子喜欢和"社会青年"接触的重要原因。

（3）孩子受到了某些刺激。当叛逆期的孩子出现学习受挫，朋友间出现问题，与异性交往出现波折时，所有这一切都会对叛逆期的孩子产生至关重要的影响。

2. 搞清楚孩子的交友倾向

如果孩子结交了校外人士，父母该如何应对？首先，应该弄清楚孩子为什么会出现这种交友倾向。通常，孩子的交友倾向主要来源于三个方面。

（1）学校里的老师和朋友。学校是孩子日常生活时间最长的地方，得到老师的允诺后，孩子同老师进行深入交流，因为老师对学生的性格和事情都了解得比较清楚。同时，跟孩子交往密切的人也是孩子校外交友的重要来源。由于平时在学校和关系不错的同学整天待在一起，孩子有什么怪异举动、反常言行时，最先知道的就是他的好朋友。

（2）孩子自身。信息来源最可靠的是孩子自己，但在不触及孩子自尊心的前提下跟孩子进行交流，需要掌握一定的技巧。首先，跟孩子交流时要懂得旁敲侧击，语言委婉，才能让孩子彻底放下戒心。其次，父母在与孩子交流时，要放下父母的架子才是好的方法。

（3）相关认识人士。对于与孩子交往的社会青年，我们父母可能不认识或不熟悉。但是，这些社会青年既然出现在家附近，自然这些社会青年往往也住在附近，那么就一定有人熟悉或认识他们，如居委会的办公人员。真正了解情况后，父母就可以理解孩子为什么这样，并弄清楚究竟属于哪种情况，然后对症下药。

叛逆期小叮咛

校外不良社会青年对孩子的影响巨大，尤其是叛逆期的孩子。因此，要想让孩子走向正途，就要引导他们减少跟校外人士的接触。一旦发现孩子有了这样的苗头，就要在不伤害孩子自尊心的前提下，果断采取相应措施妥善处理。

"就不吃肉包子了"——做不到时，就要直接拒绝

　　任何人最终都要走向社会，并在群体中生活。善于与人分享，才能得到别人的信任、支持和尊重。孩子也一样。因此要让孩子学会与人分享，养成慷慨大方的美德。可是任何事情都要讲究一个度，轻易承诺了自己无法履行，会带给自己更大的困扰和沟通的难度。这时候，就要引导孩子学会拒绝别人。

　　儿子今年13岁，能说会道，特别讨人喜欢。家里老人对他更是百般宠爱。

　　一次，姥姥从外面买来了外孙最喜欢的鸡翅。但由于孩子刚吃过午饭且吃得特别饱，王女士对孩子姥姥说："孩子刚吃过饭，等会儿再给他吧。"

　　"我外孙就喜欢吃这个，趁热吃多好。"姥姥说完就拿着鸡翅在他面前晃悠。看着外孙吃得兴高采烈的样子，姥姥脸上乐开了花。可姥姥的好意却换来了外孙的肚子胀痛，最终吃了助消化的药

才好。

还有一次，王女士带儿子去大姐家里玩。小表姐忙拿出自己的零食来和小表弟分享。可儿子皱起眉头不肯伸手去接。"小家伙怎么了？"王女士的大姐笑着，拿过甜甜圈给孩子。其实，王女士知道儿子不喜欢吃甜食，但他不懂如何拒绝。大姐的热情让王女士不好意思说出实情，只好看着儿子别扭地尝了一小口。

类似的事情还有很多。时间久了，王女士发现儿子变得越来越没节制。王女士逐渐认识到问题的严重性，长此以往不仅有损儿子的健康，还会让他养成很多不良习惯。亲人和朋友对儿子的好意，有时候对儿子来说是一种负担。

那天，王女士跟儿子下楼，邻居李奶奶热情地喊住儿子："小驰，快来，奶奶刚蒸好了肉包子，先给你吃一个。"

儿子一听，马上就要跟李奶奶走。王女士见状，赶忙拉着他的手，说："小驰，刚吃饱饭了没有？"

小驰点了点头，小声说："可是，我还想吃奶奶的肉包子。"

"再吃，肚子又会疼的，不仅要吃药，还有可能要打针。"王女士拍了拍儿子的肚子说。

听了王女士的话，儿子不好意思地笑了，认真地说："妈，那我不吃肉包子了。"

王女士点点头："你自己跟奶奶说吧。"

儿子想了片刻，走到李奶奶身边说："奶奶，我在家里已经吃饱了，就不吃肉包子了，谢谢您。"当儿子说完欢快地向王女士跑来时，她赞赏地对儿子竖起了大拇指。

此后，每次遇到这种情况，王女士都会鼓励儿子开口"拒绝"，碰到儿子不喜欢的东西，她也会鼓励儿子大胆地说出自己的想法。一段时间之后，王女士惊喜地发现，儿子不仅变得越来越健康，还更懂得礼貌地拒绝别人了。

拒绝别人不是一件容易的事。在拒绝对方时，有些孩子会因为不好意思而不敢据实言明，致使对方产生许多不必要的误会，同时也容易压抑自己的内心。

对于对方不合理的要求，要让孩子懂得拒绝。虽然拒绝别人是一件很正常的事，但很多孩子都不会处理这类问题，不敢向别人提出自己的不同意见，只好去做自己不愿意做或自认为不对的事情。所以，父母在教孩子对事物的正确判断的同时，更要教孩子怎么对别人说"不"。

大胆地拒绝别人，是相当重要却又不太容易的事情。那么，如何教会孩子拒绝别人呢？

1. 鼓励孩子独立做事

叛逆期的孩子已经具备独立处理常见事情的能力，因此父母没有必要再包办或代替。只有从日积月累的亲身体验中才能不断积累经验、增长才干，孩子才有能力对父母或他人的行为做出接受与拒绝的判断，因此要鼓励孩子独立做事。

2. 帮助孩子学会做些心理指令

当孩子想拒绝但没法开口时，父母要帮助、促使孩子下决心来开口拒绝，如"我认为应该拒绝他的要求""没有关系，解释一下，他一定会理解的"等。

3. 让孩子将理由直接说出来

当孩子不愿意答应别人时，父母要教导孩子，可以直接向对方陈述拒绝对方的客观理由，如自己的状况不允许、社会条件限制等。通常这些状况最好是对方也认同的，这样对方才能理解孩子的苦衷，自然会觉得孩子拒绝得不无道理。

4. 让孩子学会间接地拒绝别人

开门见山、直截了当式的拒绝，犹如当头一盆冷水，使人难堪，伤人面子。因此，父母要教会孩子学会先承后转的拒绝方法，即避免正面表述，采用间接的方式来拒绝。具体来说，就是首先进行诱导，当对方进入角色时接着话锋一转，制造出意外的效果，让对方自动放弃过分的要求。

5. 教孩子学会推迟别人的请求

如果孩子不想答应别人的请求，可以教孩子用一拖再拖的办法来推迟别人的请求，如"我想好了再跟你说""我再考虑考虑"等，都是委婉拒绝别人的方法。相信这么做，别人也会从孩子的推迟中明白他的意图，不会使双方过于尴尬。

叛逆期小叮咛

　　孩子不懂拒绝，就会让自己的内心越来越累。虽然处于叛逆期的孩子都想给他人留下好印象，但是当对方要求的事情令孩子无法办到时，就要让孩子果断拒绝。不懂拒绝的孩子，长此以往会渐渐地失去对这个世界最初的好恶判断，影响性格的形成甚至正常的生活。

"我就跟她好"——引导孩子树立正确的交友观

孩子交朋友往往是为了丰富自己的社交技能和认识更加广阔的世界，通常不会考虑太多。遇到不良的朋友，孩子很容易被带入歧途，所以父母平时要多向孩子灌输一些交友标准。同时，父母还要告诉孩子哪些朋友可以交，哪些不可以交，结交不良的朋友将会给他带来怎样的坏处。只有结交益友才能共同进步，结交的不良朋友则会让孩子不思进取、贪图享受。

小莉和同班的小莹是一对好朋友，她们形影不离。有一天，小莹对小莉说："我们是好朋友，让我们互相帮忙写作业吧。你写完了，我抄你的；我写完了，你抄我的！"于是，放学后两人便一起写作业，她俩约定各自写一科，之后互换作业本，抄作业。

渐渐地，小莹的妈妈发现了这件事，说："你俩这样抄作业，对学习一点好处都没有，以后不要抄了。"小莹不以为意。妈妈很生气，甚至要求她以后不要再跟小莉一起写作业了，但小莹却说：
"我就跟她好！"

　　小莹的妈妈说得没错，不会真诚交友，最终将交不到朋友。但从另一个方面来看，小莉虽然对朋友以诚相待，但是没有好的交友标准，因此父母还要教会孩子树立正确的交友观。正确的交友观能让孩子在好的群体中得到更好的发展，一旦孩子偏离了正确的交友之道，则会带来非常严重的后果。关于孩子的交友原则，父母需要采取正确的方法给予引导，同时，也要注意防微杜渐，发现孩子结交了不良朋友时要及时提醒并制止。

1. 阻止孩子结交"损友"

　　无论何时何地，无论处于什么情况，都要告诉孩子不要跟这几种类型的孩子做朋友。

　　（1）嫉妒心太强的孩子。在强烈嫉妒心的驱使之下，这种类型的孩子见不得别人比他们好。即使对方是他们关系最好的朋友，也会在暗地里制造各种事端让朋友变得比他们还差，这样他们才会心理平衡。

　　（2）喜欢打听隐私的孩子。这种类型的孩子喜欢打探他人的隐私，宣扬他人的八卦，即使是一件微小的事情，也会被他们宣扬得路人皆知。

　　（3）总是索取、不想付出和吃亏的孩子。这类孩子总是寻求支援、帮助，甚至伸手借钱，讨要物质，但又不愿意真心付出。这种人太自私，喜欢占便宜，别指望从他们身上得到有效的帮助。

2. 让孩子洁身自好

在交朋友的过程中，叛逆期的孩子心理尚未成熟，很容易被朋友的不良习惯或嗜好影响，逐渐迷失自我。比如，朋友不好的口头禅也成了他的口头禅；朋友爱玩的游戏也是他的最爱；朋友极端的做事方式也成了他处理问题的方式……因此，父母应告诉正处于叛逆期的孩子，不论跟谁做朋友，都要坚持洁身自好，只学朋友身上好的品格和行为。

3. 潜移默化地向孩子灌输正确的交友观

叛逆期的孩子由于自我意识的迅速崛起，他们会觉得自己已是大人，不再是孩子，可以不必处处都听父母的话。所以，面对父母的忠告，他们往往充耳不闻，尤其是在交友方面。面对这种情况，怎样做正确引导才能防止孩子因交友不当而变坏呢？潜移默化地向孩子灌输正确的交友观，是个不错的方法。

比如，当电视剧中出现主人公因交友不慎而给自己和他人带来伤害的情节时，父母可以趁机向孩子灌输正确交友的重要性。再如，当看到有关的少年犯罪团伙的报道时，父母可以有意识地拿给孩子看，然后再一起探讨朋友之间的相互影响。又如，当听说附近的某个孩子因打架而被关押时，可以跟孩子讲一讲所谓的"哥们义气"的危害。

总的来说，向孩子传达正确的交友方式、道德观念、行为准则，就会在他们心里播种下正确交友的种子，便于让他们清楚地知道哪些事情能做，哪些事情坚决不能做。

叛逆期小叮咛

处于青春叛逆期的孩子很容易结交一些不良朋友，甚至还会讲究哥们义气。面对这种情况，父母首先要理解孩子有着自己的交友喜好和需要，其次，父母要帮助孩子树立正确的交友观，提高孩子对好的交友标准的认识。

第五章

疼孩子，就要让孩子拥有积极健康的心态

"我肯定做不到"——教孩子自信非常重要

　　自信心就像能力催化剂，可以将人的一切潜能调动起来，将人的精神状态调整到最佳，对自己提出高要求，鼓励自己不断努力，直至成功。对于叛逆期的孩子来说，培养他们的自信非常重要，因为这个阶段孩子的行为将影响他们的一生。

　　小阳已经上初二了，作业写得又乱又糟，字也写得很差，为此老师没少批评他。

　　妈妈非常着急，便给小阳买了钢笔字帖，对小阳说："每天写完作业后练习五页字帖。只要不偷懒，肯定能把字练好。"

　　刚开始在妈妈的督促下，小阳每天晚上写完作业后都老老实实地练习五页钢笔字帖，而且很有耐心。妈妈对此很满意。

　　一段时间过后，小阳开始偷懒，不想再练字帖了。有时为了凑足页数，还一边玩手机一边练习钢笔字帖，字写得十分潦草。

妈妈看到小阳这个样子，对小阳说："练个字都练不好，以后还有什么出息？"

小阳觉得很委屈："我肯定做不到，不要逼我。"

看到孩子每天辛辛苦苦地练字，也没有多大起色，于是妈妈索性不逼着小阳练字了。小阳一看妈妈不再督促他练字，自己也就慢慢地放弃了。

一段时间过去，妈妈发现小阳有些变化，不像以前那样自信了，有时还有些自卑。

学校进行班长选举，小阳没有勇气参选。妈妈问他："为什么不去参加？"

小阳说："我的字写得那么差，你也说我没有出息，所以我觉得我什么事都做不好，感觉自己没有资格去竞选！"

父母的信任是对孩子的一种极大的激励，可以驱散孩子心中的自卑，让孩子从挫败的阴影中走出来，重获自信心。给孩子足够的正面评价，不仅能取得孩子的信任，还会帮他们战胜挫败，对自己多一些信心。

自卑是人类特有的一种消极情绪，一旦孩子对自己某方面的能力丧失自信，就可能连带着对自己其他方面的能力也失掉信心，最后造成孩子极度的不自信。一旦孩子失去了自信心，就会在生理上和心理上出现更多异常，继而对自己感到失望。

自信是走向成功的起点，孩子只有对自己有信心，才会主动参加各种活动，才会主动与人交往，勇敢地面对困难，较快地适应新环境，大胆地尝试新事物。

那么，如何培养孩子的自信心呢？

1. 发现孩子的闪光点，并进行及时的表扬和鼓励

叛逆期的孩子经常会做一些大胆的举动，也会做得很好。孩子的这些举措也许在常人看来微不足道，但父母必须努力捕捉孩子身上这些稍纵即逝的闪光点，给予必要的表扬和鼓励。

同时，还要用发展的眼光看待孩子，肯定孩子的点滴进步，尤其肯定孩子的"第一次"尝试。当孩子兴冲冲地对我们说"我学会××了"，千万不要说"得意什么，离我的标准还差远了"。否则，会伤害孩子的自尊心，挫伤孩子的自信心。而父母及时的一句"太棒了""我就知道你会成功的"，却能很好地增强孩子的自信心。

2. 采用合适的激励策略

强化自信的方法有很多种，其中抓住契机进行正面引导尤为重要。经常得到父母的肯定和表扬，孩子就会信心百倍地增强学习的主观能动性。因此，要想让孩子相信自己，父母完全可以这样鼓励孩子，如"你比上次进步了""我们再试一次"等。

同时，要信赖、欣赏孩子，不要说泄气的话，不要说抱怨、挖苦孩子的话。当然，还要适当地把握赏识的力度，针对不同情形进

行不同赏识。比如，如果孩子胆小、呆板，就要多肯定鼓励、少批评指责；如果孩子能力较强，予以奖励的同时可以提出新的要求。

3. 让孩子做些力所能及的事

依赖性强的孩子一般都希望得到他人的照顾，他们怀疑自己的能力，对自己缺少信心。针对这种情形，父母要为他们营造一个较宽松的心理环境，允许孩子自己尝试和犯错；要给孩子多提建设性的意见，少做不必要的帮助，每天给孩子简单的任务让他们独立完成。

成就感是孩子树立自信心的源泉，当孩子自己独立完成一项任务的时候，自信心也会得到增强。因此，父母要从日常生活入手，适宜地给他们提一些力所能及的要求，为他们提供独立锻炼的机会，这样孩子才能体验到成功的快乐。

4. 不给孩子设置过高的标杆

多半父母都希望孩子拥有美好的未来，于是给孩子提出了很高的期望。这本无可厚非，但是过高的期望会给孩子带来巨大的压力。一旦达不到父母的要求，孩子的自信心就会受挫。每个孩子都有不同的优点和劣势，因此父母不宜要求孩子什么都会，不要给孩子设置过高的标杆。

孩子的进步需要一个过程，父母不要急于求成，要多关心他们，耐心地对待他们。只有父母对孩子充满信心，他们才会对自己更有信心。

叛逆期小叮咛

叛逆期的孩子如果不相信自己，就很容易自暴自弃。如果孩子发现自己确实无法做到某件事，父母就不要再要求，要发现孩子的闪光点，采用合适的激励策略，让孩子做些力所能及的事等，从而让他们正确地认识自己，提高自信心。

"凭什么都选他"——只有谦虚的孩子，才能够进步

如今很多父母看到孩子接受能力强、成绩也不错，都会不由自主地进行表扬夸奖。这本身无可厚非，可是叛逆期的孩子多半都经不起这种过度的赞誉，否则很容易变得骄傲自满，不可一世。自信是一件好事，可过于自信就变成了自傲。试想目空一切的孩子，怎么能意识到自身的不足，怎么能接受别人善意的劝告呢？

小惠是个聪明可爱、十分优秀的女孩，不仅成绩优异，还能歌善舞，发展全面。在学校，老师们很喜欢她，班主任更视其为骨干；在家里，父母视其为掌上明珠，宠爱有加。

渐渐地，小惠变得越来越自命不凡，十分狂妄自大，觉得自己很了不起，总想显摆一下。看到其他孩子在某方面挺好时，她就不服气，说人家坏话。遇到不如自己的孩子或某些问题自己知道而同学不懂时，她就会说"连这都不知道！""这么简单的问题都不

懂，你真是个笨蛋！"之类的话，蔑视和嘲笑别人。就这样，小惠跟同学之间的矛盾越来越大。

一次，受到嘲笑的某个孩子反讽小惠说："你以为你是谁啊？千金小姐，还是公主？"

小惠听后顿时大哭大闹起来。幸好老师及时出面调解，才勉强使两个人达成和解。

小惠的这种态度引起了全班同学的不满，最终在班干部竞选中落选了。一回到家她就哭了起来，连饭都不吃了，边哭边说："除了我，没人有能力担任，同学和老师凭什么都选他不选我？"

叛逆期的孩子之所以会骄傲自满，通常是因为孩子没有形成正确的自我认知，高估了自己。我们知道，一个人低估自己就会自卑，高估自己则会表现得自负或-骄傲。这样的孩子容易看不起别人、目中无人，会与外界形成一道无形的"城墙"，只知道生活在自己的世界里。骄傲的孩子虽然有自信的优点，可是太过骄傲就会使他们把自己锁在"骄傲王国"里，变得狭隘、自私起来。

骄傲的孩子很容易产生交往障碍，这种障碍使他们多数时间都生活在自己狭小的空间里，变得狭隘、自私，而自己却全然不知。我们知道人都有优势和劣势，对于心智正常的孩子来说，在对待自己优势和劣势的时候，会有一个平衡心态。一旦这种优势和劣势在他们的心中失衡，就会表现出狂傲或自卑。所以在纠正孩子骄傲的心态时，要想办法来削弱他们心中的那份优势，使他们在心里没有自持的筹码。

当然，削弱孩子心中的优势，并不是要打击孩子，而是让他们认识到他人的优势，在心理上缩短他人与自己的差距。如此，才能彻底纠正孩子骄傲的习性。

1.控制表扬次数和频率

前面说过，对孩子的表扬不能太过度和泛滥，因此，要想减少孩子的骄傲情绪，父母就要控制好表扬次数和频率。倘若孩子每做一点小事，父母就给予夸奖，这样夸奖得多了，孩子就觉得自己确实很了不起，从而变得自大起来。

2.告诫孩子多向他人学习

当孩子取得了成绩或做了某件值得称道的事情时，固然要表扬一下，肯定他们的成绩和付出。可是，在表扬的同时也要告诉孩子，还应该更努力，多向他人学习。

3.让孩子正确认识自己

要引导孩子正确认识自己，不能只看到自己的优点，而看不到自己的缺点。当孩子发现自己的缺点时教孩子不逃避自己的缺点，要承认和正视自己的不足。

4.鼓励孩子多接触一些优秀的孩子

所谓"近朱者赤，近墨者黑"，这就告诫我们要让孩子多接触一些优秀的孩子。这样他们就会发现自己还有很多东西要学，还有很多知识和道理不懂，要向他人学习。当孩子将对方作为自己崇拜的对象时，自然就不会自大了。

叛逆期小叮咛

当孩子变得骄傲自大时，就会滋生出一种优越感，觉得自己了不起。这时候父母一味地否定和打压孩子，孩子就会变得更叛逆。因此，正确的做法是，控制表扬次数和频率，让孩子正确认识自己，鼓励孩子多接触一些优秀的人，以此引导孩子为人处世时谦虚一些。

"玩了，很容易坏"——让孩子保持积极乐观的心态

乐观是一种性格倾向，能够让人看到事情有利的一面，期待更有利的结果。不管孩子天性是否乐观，积极乐观的品格都是可以培养的。父母应重视叛逆期孩子的乐观主义教育，使孩子拥有健康乐观的心态。

父亲打算对一对孪生兄弟进行性格改造，其中一个过分乐观，另一个则过分悲观。他买了许多色泽鲜艳的新玩具给悲观的孩子玩，同时将乐观孩子送进了一间堆满马粪的车房。

第二天清晨，父亲看到悲观孩子正泣不成声，便问他："为什么不玩那些玩具？"

"玩了，很容易坏。"孩子依然没有停止哭泣。

父亲叹了口气，走进车房，发现那个乐观的孩子正兴高采烈地在马粪里掏着什么。

"告诉你，爸爸，我想马粪堆里一定还藏着一匹小马呢！"孩子得意扬扬地向父亲宣称。

这个案例告诉我们，乐观是一种心态，不取决于所处的环境，而取决于一个人面对生活和社会的态度。心理学家指出：孩子的心态是否积极，根源并不在于孩子自身，而在于父母。孩子能否养成良好的进取心和探索精神，对生命是乐观积极还是悲观消极，都与父母的培育理念和方法密不可分。

1. 让孩子感受到父母的爱

叛逆期的孩子如果缺少感情体验和感情依恋，长大后对他人就不容易施以爱和同情，只会冷漠无情，无法体会到快乐，难以与人相处。只有能够随时从父母那里得到支持的孩子，才会认为生活是可信赖的，人生是充满机会的。即使生活中偶然遇到艰难、失望的境遇，他们也能保持乐观积极的态度。

2. 对孩子说"你能做好"

乐观的孩子一般都觉得自己能够驾驭生活，能够克服生活中遇到的困难，摆脱人生中的痛苦。因此，要想让孩子乐观一些，就要引导他们树立切合实际的期望和目标，并且清楚实现目标的方法，同时还要对孩子迈向目标的每一个细微进展给予鼓励和赞扬。

3. 学会欣赏孩子

现代心理学之父威廉·詹姆斯指出："人最大的需要就是被了

解与欣赏。"叛逆期的孩子也是如此。父母对孩子每时每刻的了解、欣赏、赞美、鼓励等都会增强孩子的自尊、自信，继而以乐观的心态去面对一切。因此，孩子即使取得了一点进步，父母也要懂得欣赏他们。如此，不仅能让孩子体验到被父母鼓励的幸福感，还可以培养孩子乐观向上的品格。

4. 对孩子进行希望教育

乐观的孩子一般都对未来充满希望，悲观的孩子则往往看不到希望。因此，要对孩子进行希望教育。具体来说就是，父母要及时地感受孩子的沮丧和忧愁，帮他们驱散心中的阴影。平时，要引导孩子看到自己的进步和成绩，鼓励他们想象自己的美好未来，让他们对自己的未来充满希望。只要孩子对未来充满了希望，就会以乐观的心态去面对生活。

叛逆期小叮咛

当叛逆期的孩子处于消极的泥沼时，他们容易消极处世，遇到问题更容易退缩，很容易经不起挫折。要想让他们健康地成长，就要让孩子感受到父母的爱和鼓励，用欣赏的眼光指出孩子的进步，对孩子进行希望教育，以此引导他们乐观起来，做事积极一些。

"我不敢，你去"——鼓励孩子大胆做事，不退缩

　　叛逆期的很多孩子都不爱说话、不爱运动，喜欢独坐，不愿意和同伴交往；家里来了客人，他们会小心翼翼地躲进房间，即使见了客人也不会主动打招呼……这类孩子典型的表现就是羞怯。而羞怯的孩子往往缺乏良好的交往心态，长期下去容易产生心理问题。因此，父母要鼓励孩子大胆做事、不退缩。

　　案例一：

　　儿子今年12岁了，上初中二年级，可是他的胆子比同龄人都小：晚上不敢一个人睡，每次都得等他睡着后，妈妈才能离开他的房间；天一黑他就不敢出门，连家门口都不敢去。所以妈妈晚上从不带他出门，即使有事要出去，也让爷爷奶奶陪着。有一次晚上十点钟外面正在打雷，妈妈让儿子去关窗子，儿子却说："我不敢，你去！"妈妈感到真纳闷：怎么一个十几岁的男孩子会那

么胆小？是不是患了什么疾病？

　　案例二：

　　女儿从小比较胆小懦弱，从不和其他孩子争抢玩具，即使其他孩子抢了她的东西，她也不会去夺，虽然她会觉得委屈。如今已经上了六年级，依然如此。前几天下午放学，同学在楼梯上把她推倒了，尽管摔得鼻青脸肿，可她一句怨言都没有。回家后，爸爸把她训斥了一顿，觉得她最起码也该告诉老师啊！

　　羞怯原本是孩子面对大场面、陌生人时的正常反应，他们之所以会缠着父母，目的是为了寻找安全感。这一点可以理解，但是随着年龄的增长，如果父母不重视孩子的羞怯，不去引导孩子与他人进行正常交往，孩子就会一直胆小羞怯下去，继而形成人际交往的障碍。

　　胆小的孩子，一般不具备勇敢的探索精神，创造性也差。因此，父母要保护孩子的勇敢探索意识。而为了增加孩子勇敢的品质，平时在他们受到惊吓或表现出害怕时，首先要找出孩子胆怯的原因，并做出相应的安抚。

　　通常，仔细研究起来，造成孩子胆小的原因大致有四点。

　　第一，遗传因素。父母性格内向，不善与人交往。这样，孩子遗传了父母的性格特点后，也会比较胆小。

第二，环境和空间封闭。如今高楼大厦的生活住宅环境，导致了孩子生活空间的相对封闭，从而缺乏与同伴交往的生活空间，变得孤独、胆怯。

第三，教育方法不当。当孩子想出去玩时，有些父母用"外面有骗子，会把你骗走"等话语来打消孩子的念头，使孩子的心里留下阴影。

第四，不好的切身体验。当孩子满怀信心地在父母面前表现自己时，如果得不到表扬而是嘲笑、挖苦，孩子就会变得胆怯懦弱起来。

总的来说，如果孩子表现得很胆小，父母要找到孩子胆小的原因，然后运用相应的策略鼓励、帮助孩子，让他们逐渐变得勇敢起来。

1. 顺其自然，不要太过着急

孩子胆怯的不良心理行为离不开环境和教育的影响，因此父母不要指望一朝一夕就帮孩子克服，一定要遵照循序渐进的原则，对孩子进行耐心引导。比如，当孩子不敢自己去买东西时，可先带着孩子一同购物，在购物的过程中，要告诉孩子购物的一般程序，下次再陪孩子去同一家商店，鼓励孩子自己去购物等。

2. 不要当众指责、羞辱孩子

当众指责和羞辱孩子，只会增加孩子的压力和挫折感，使他们变得更加胆怯和退缩。当孩子不敢做某件事时，不要强迫他们去做，也不要说"什么都不会，简直就是个笨蛋"等责骂和羞辱的话，应当耐心教育和鼓励孩子。

3. 扩大孩子的接触范围

父母要有意识地让孩子多接触社会，引导他们与他人交往，让他们在不知不觉中参与到游戏、购物、接待客人等活动中去。如果孩子不敢主动找别人社交，父母可先建议孩子观看其他孩子的群体活动。在看的过程中，一旦孩子受到别的孩子欢乐情绪的感染，他们就会积极参与进去。

4. 放手锻炼孩子的勇气

要想增加孩子的勇气，就要放手让他们在生活中得到磨炼。总是把孩子当成小孩，总是担心孩子经不起磨炼，动不动就说"你不行""你还小"，会养成孩子胆小怕事的性格，使孩子缺乏独立的精神和应变能力。这样的孩子一旦离开父母，就会神色慌张，并且在遇到问题时还会不知所措。总之，适度的挫折与磨难，对孩子的成长是不可或缺的财富。父母千万不要将受挫折的权利剥夺，应该放手让孩子得到锻炼和磨炼。

5. 鼓励孩子与他人交往

要想让孩子变得勇敢一些，父母可以在他们很小的时候引导他们尽量习惯陌生的环境和人。可以带他们去亲朋好友的家中做客，或者去公园参加集体活动。同时，还要鼓励孩子参加各种社会活动，多为孩子提供与同学交往、玩耍的机会。

6. 正确对待孩子的退缩行为

如果孩子做事的时候喜欢退缩，那么父母不要拿他跟善交际的孩子比较，要体谅他的心情。同时，父母也不要在情急之下就粗暴地对待孩子，否则会使孩子更加恐惧，更不敢与人接触。尤其不宜当着外人的面贬低孩子的胆量，要积极强化孩子表现出的勇敢言行，鼓励孩子想办法克服遇到的困难。

叛逆期小叮咛

叛逆期的孩子是个矛盾体，有时候会很大胆，有时候又会很胆怯。当孩子表现得比较胆怯时，父母首先要找到孩子胆怯的根源，然后有意识地扩大孩子的交际范围，鼓励并放手磨炼孩子的勇气，同时不当众指责和羞辱孩子，教会孩子大胆做事，勇敢做事，不退缩，不懈怠。

第六章

教孩子，就要让叛逆中的他具备优良的品格

"我就是不想帮"——鼓励孩子帮助别人

"赠人玫瑰，手有余香。"即使像赠人玫瑰一般微不足道的小事，也可以给人带来温暖，从而在受赠双方的心底慢慢升腾开来。父母教育孩子乐意助人的道理也如此。如今，很多叛逆期的孩子都是独生子女，是家里的"小皇帝""小公主"，父母怎样才能让他们具有乐于助人的美德呢？首先要让孩子懂得"爱人者，人也爱之"的道理。因为只有懂得为他人着想的孩子，才会在自己有困难时得到别人的帮助。

小迟上小学六年级，父母不仅对他倾注了全部的爱，还通过自己的言行教小迟关心别人，帮助别人，心中有他人。可是，小迟依然我信我素，甚至还反驳说："我就是不想帮，自己的事情还做不完呢。"听到儿子这样说，父母的气不打一处来。

慢慢地，随着父母的规劝多了，小迟也意识到了自己的问题，后来居然逐渐改正了。有一次，学校倡导"手拉手互助工程"的活动，小迟与小华结成了互助组。小迟用自己省下的压岁钱和零用钱给小华买了书、衣服，得到了父母的支持和鼓励。两年来，小迟用自己积攒下来的五百多元钱支援了"手拉手互助工程"的好几个小伙伴，并且还把小华接到家中欢度儿童节。

寒假里，小迟看到同住一个小区的八十多岁的李奶奶孤身一人，便萌发了帮助、照顾李奶奶的念头。回家后，他把想法告诉了父母，得到了父母的支持，父母也参与到照顾李奶奶的活动中。每逢节假日，小迟他们一家三口就会到李奶奶家帮助打扫卫生、买米买菜，甚至还和李奶奶一起吃饭。就这样，参与的爱心活动多了，小迟虽然比其他同学学习的时间少了一些，但他的学习成绩丝毫没有退步，多次被评为市区三好学生。

如今很多孩子在家里都被长辈照看着、宠爱着，不懂得关心别人、照顾别人，只有当自己需要别人帮忙的时候才会想到别人，这种方式对孩子的成长非常不利。不懂得帮助他人的孩子，人际关系只会越来越糟糕，进入社会后也很难和他人相处，更别提跟人合作了。

叛逆期的孩子很重视友谊，但也排斥朋友之外的人。如果是朋友遇到了问题，他们可能会为其提供帮助；如果是不认识的人，可能就会冷漠以对。因此，父母一定要告诉孩子：在未来成长的道路上，他们会遇到很多自己解决不了的问题，只要自己先为他人提供了帮助，他人才有可能帮助自己。当他人遇到难处时，力所能地给予帮助，是一个人良好品质的体现。而且，每个人都会喜欢与帮助别人的人交朋友。因此乐于助人的孩子才会有好的社交能力。

乐于助人的孩子，一般都能理解他人的处境、情感和需要，能够随时支持、关心、帮助别人。培养孩子乐于帮助他人的美德，对孩子今后形成高尚的情操、健全的人格有不可估量的积极影响。父母要抓住青春叛逆期这个关键时期，对孩子进行乐于助人意识的培养，让孩子在成长过程中把助人为乐当成一种习惯。

1. 让孩子相信自己有能力帮助别人

看到同伴需要帮助，有的孩子会迟疑或冷漠。其实，在很大程度上他们本身是愿意帮助的，只是他们对自己没有信心，不相信自己能帮助别人。为了让孩子相信自己有能力帮助别人，父母就要多为孩子创造机会，让孩子自己的事情自己做，并帮父母做力所能及的事。一旦孩子帮助了他人，父母要及时给予赞扬和鼓励，让孩子感到自己有能力帮助别人，产生助人的行为动机。

2. 告诉孩子为什么要热心助人

研究表明，对孩子阐明慷慨助人的理由，尤其是强调说明他人的感受时，最能帮助孩子养成友善、体贴的行为方式。因此，父母与其花大量的时间告诫孩子别去做什么，不如告诉他们有些事为什么不能，尤其是当行为的结果会影响别人的时候。比如，孩子给别人提供帮助时，他人就能将事情做好，就会对孩子心存感激，就会对孩子留下好印象；下次等到孩子遇到问题的时候，如果对方确实能帮，多半都会主动帮助孩子，因为多数人都不喜欢欠人情。

3. 让孩子注意到别人的需要

当同伴处于困境中时，有些孩子能很快地察觉到，并能伸出援手；而有些孩子却毫无反应，该干什么还干什么。如果孩子属于后者，父母就要经常用语言表达自己的需要，描述自己需要的帮助，并教孩子通过别人的表情、行为中看出对方的需要。

4. 及时强化孩子的热心行为

要想让孩子乐于助人，就要对孩子的"热心"行为进行强化。比如，当孩子帮人扶起倒在地上的电动车时，当孩子为老人上坡的三轮车助上一把力时，当孩子将自己的图书送给贫困地区的小伙伴时，当孩子为下班回家的妈妈送上一杯茶时……父母要多给他们一些表扬和鼓励。如此，在强化孩子热心行为的同时，就抑制了他们"冷漠"心态的生长。

叛逆期小叮咛

叛逆期的孩子都希望获得他人的肯定和认可，而乐于助人确是赢得他人尊重的一项重要品格，因此如果孩子拒绝帮助他人，就要鼓励他们主动伸出援助之手。

"你病了，谁给我做饭吃啊" ——鼓励孩子学会感恩

　　生活在这个世界上，我们每时每刻都在接受着各种"恩赐"：父母的养育、师长的教诲、他人的关爱、朋友的友善、大自然的慷慨赐予……对于这些恩惠，我们不要觉得一切都是理所当然的，要让孩子具备感恩之心。如果父母为孩子奉献了自己的所有，却把孩子教成了忘恩负义的人，那么就是家庭教育最大的失败。只有让孩子懂得知恩、感恩，父母对孩子倾注的爱才是有价值、有意义的。有这样一些真实的故事，值得我们铭记和深思。

　　案例一：

　　学校组织学生看了亲情电影《寻找爸爸》，结果很少有学生动情，甚至有学生奇怪地问老师："为什么带我们看这种没意思的电影？"浓浓的亲情竟然被学生们认为"没意思"，老师大为失望。

案例二：

孙女士对儿子爱护有加。一次她生病，在家卧床休息。儿子放学回家后，不但没有关心孙女士的病情，反而很不满地说："你病了，谁给我做饭吃啊？我还要复习功课呢！"听了儿子的话，孙女士伤心得落下泪来。

案例三：

儿子高考成绩不佳，夫妻俩倾尽积蓄帮儿子联系上了一所大学。尽管平时两人省吃俭用，每月却给儿子寄去上千元的生活费。"别让儿子在同学面前没面子"，这是夫妻二人经常说的话。每次电话铃声一响，夫妻俩就知道是儿子打电话来要钱了。因为他们知道如果儿子有钱用，那么他基本上不会主动给家里打电话。

这些真实案例让我们的心情感到沉重。为什么现在很多孩子不懂得感恩和孝顺呢？

一个人感恩之心的有无对其人生有着截然不同的影响。面对同样一件事情，有感恩之心的人，就会用积极的眼光去看待；而无感恩心的人，则会用阴暗的目光去审视。长期下来，这两种人就会拥有截然不同的人生。

叛逆期的很多孩子不懂得感恩，已经是一个不争的事实。作为父母，不仅要教孩子勤读书、有礼貌、守秩序等，还要教他们拥有感恩之心。因为，只有懂得感恩的人才懂得爱，而在爱中成长起来的孩子才是健康快乐的。

父母爱孩子没有错，但也要让孩子懂得付出才会有回报，不要让孩子觉得他人对自己的爱都是理所当然的。感恩之心是一切道德的源泉，要为孩子营造一个感恩的环境，让孩子在感恩的环境中健康成长。

1. 感恩可从理解父母的艰辛做起

要想培养孩子的感恩之心，首先就要让孩子理解父母的艰辛。如今，很多孩子一聚在一起，就会吹嘘自己的父母如何有地位、怎样日进斗金，却不愿讲父母真实的工作状况。其实，很多孩子根本不知道父母工作的辛苦，更不知道父母挣的钱来之不易。因此，为了培养孩子的感恩之心，就要有意识地把孩子带到工作现场，让孩子一起参与进去，让其亲身感受一下父母工作的艰辛、挣钱的不易。

2. 利用各种节日教育孩子的感恩之心

要想培养孩子的感恩之心，父母就要将各种节日充分利用起来。比如，春节时要让孩子热情接待爷爷、奶奶，认真对待亲属送给他的礼物并表示感谢；教师节时，让孩子亲手制作贺卡送给老师，表达对老师的美好祝愿；父亲节和母亲节时，让孩子对父母说几句感谢的话。如此，就为孩子提供了表达感恩之心的机会。

3. 在日常生活中渗透

家庭是孩子的主要活动场所，孩子在此经历并感受着家庭生活带给他们的一切体验。如果父母能很好地利用这一契机，就能让孩子在潜移默化中拥有识恩、知恩的能力。首先，可以采用移情的方法，让孩子学会识别和感受他人的情感、控制消极行为，引导孩子做出互助、分享和谦让等积极行为。其次，要尽可能地创设感恩的家庭氛围，为孩子提供多种实践机会，启发、诱导孩子对他人的利他行为进行识别和感受。

4. 从点滴小事做起

孩子的好品质、好行为是不断培养出来的，因此父母要让孩子从细微处入手，从小事做起。为了让孩子懂得主动尊敬他人，感恩他人，可以从"谢谢""晚安"等礼貌用语开始培养孩子讲礼貌的习惯。通过生活中的小事，让孩子知道：人与人之间要友好相待，如果自己有能力，要懂得付出和回报社会；别人有恩于自己，要懂得感恩。

叛逆期小叮咛

只有孩子胸中怀着一颗感恩的心，才能拥有善良、仁爱、珍惜等美好品格。因此，如果孩子少了感恩意识，就要教孩子从日常的点滴小事做起，利用家庭氛围和重要节日让他们懂得感谢他人，这样未来之路才能走得更顺畅。

"这件事跟我无关"——鼓励孩子主动承担责任

只要有责任感，有敢于承担的勇气，长大后在社会上就能扮演好自己的角色。是否有责任心，是衡量一个孩子综合素养高低的重要标准。对所做的事情或所说的话不敢承担责任时，孩子的成长之路就会艰难很多。因此，面对叛逆期的孩子，父母一定不能忽视了对他们责任心的培养。

一天，爸爸去学校接儿子小旷回家。结果在半路上，爸爸看见儿子一个人背着书包在过马路。

爸爸立刻停下车，过去问小旷："今天怎么这么早就放学了？怎么就你一个人呀，以前不都是跟同学一块儿回家的吗？"

小旷神秘地说："今天班里进行大扫除，他们都在扫地、擦玻璃呢。我看老师也没在，也没人管，就先出来了，这样我就不用扫地了。"

爸爸听了小旷的话，问："今天的大扫除，是全班都要参与的吗？"

小旷说："是的，所以趁着人多我就溜出来了，没人发现。"

爸爸听后，严厉地说："回去！"

小旷不解地说："回哪儿？"

爸爸说："回去打扫卫生！"

小旷原本以为爸爸会为自己的聪明行为感到高兴，谁知爸爸却变得不高兴，并让自己回去打扫卫生。小旷生气地质问爸爸："为什么？"

爸爸严肃地对小旷说："这是你的责任！既然是全班都要参加的大扫除，就有你的一份，你就有责任去为班集体贡献自己的力量。"

小旷说："责任？我不懂什么是责任，也不管什么是责任，这件事跟我无关！"

爸爸说："责任就是你应该做的事情必须去做。没有责任感的孩子将来是不会有出息的！"说完，没等小旷再反驳，爸爸一把把他拉进了车里，然后把他送进了学校，并陪他一起到了班里。

这时，同学们都已搞完了大扫除。爸爸二话没说又带着他去向班主任承认错误。小旷一时还没想通，回家后一肚子的气都表现在了脸上。

晚饭后，爸爸来到小旷屋里，坐到床边，对小旷轻轻地说："还生气呢？好孩子要有责任心，分内的事情就要自己去做，不能要小聪明。爸爸不希望你是一个逃避责任的人。对此你要理解！"

经过这件事后，"责任"二字总是萦绕在小旷的心头，他懂得了"该自己做的事情就要坚决做好"的道理。他总是提醒自己：该自己承担的责任就要承担，要像一个男子汉。

国外曾有著名教育家指出："必须让孩子懂得自己的一举一动能产生不同的后果，这样随着时间的推移，孩子一定会变得很有责任感。"因此，只有具备极高的责任心，孩子才能将自己很好地融入社会群体中，才会产生自我价值感。

然而，叛逆期的很多孩子比较缺乏责任感。比如，对于自己做过的事，不敢承认；面对家务活，不肯做；对于班级活动，不愿参加；对于自己说的话，不敢承认……这一时期的孩子叛逆心比较重，同样希望自己在他人心目中是优秀的，因此一旦发生不好的事情，他们就会立刻将自己从中撇清，生怕问题找上自己。

没有责任心的孩子，自然也找不到自己的生命在社会中的地位与重要性，就会迷惘和彷徨很多。一旦孩子失去了创造成就的动力，将来就容易被不好的事物吸引，继而沉溺其中，平庸地度过一生。因此，责任心也是培养叛逆期孩子良好品格的重要内容，父母一定要认真对待。

1. 鼓励孩子多提家庭生活建议

对家庭的责任是每个孩子应该具备的，而对家中事务的管理就是孩子责任感的具体体现。因此，当孩子对家庭事务，如花销添置及人事来往发表意见时，父母就要表示尊重和肯定；遇到了家庭问题，还可以让孩子帮忙出主意、想办法。如果父母经常聆听他们的意见或建议，采纳他们有价值的建议和想法，孩子就会对家庭产生责任感。

2. 不要鼓励孩子告状

孩子总是在父母面前说别人如何不好时，就会习惯于怪罪别人。作为父母，听从孩子的告状，就等于是对他们说："我会帮你处理这些事情，你还太小，应付不了。只要是应该让我知道的事，就要告诉我。"如此，只能让孩子的责任意识变得很淡漠。

遇到这类情况，父母最好说出自己的想法："我不喜欢你打别人的小报告。"当然，还要考虑到安全问题，如果其他孩子做的事情比较危险，孩子跑过来告诉父母，那么父母就要重视了。

3. 让孩子关心他人，善待家人

要想培养孩子对社会的责任心，父母首先就要培养孩子对家人和身边人的责任意识。比如，让孩子主动关心老人、病人和比自己弱小的孩子；当家人生病的时候，要让孩子学会照顾；要让孩子知道父母的生日，鼓励孩子给父母送上一份生日礼物。

4. 舍得让孩子做家务

要想培养孩子的责任心，父母就要对孩子交代清楚每件要做的事情，保证孩子完全理解。同时，父母还要耐心指导孩子做家务，以鼓励、表扬、奖励等方式对孩子的行为进行积极的强化和回应。

> ### 叛逆期小叮咛
>
> 　　责任感是孩子应该具备的一种优良品质。如果孩子喜欢推脱责任，那么父母的责骂只会让他们变得更叛逆。因此，一旦发现孩子推卸责任等问题，就要引导他们提高责任意识。

"他们也是无心的"——引导孩子宽以待人

　　叛逆期的很多孩子容易变得斤斤计较，心胸狭窄。面对这种情形，父母要足够重视起来。孩子有宽容的一面，也有斤斤计较的一面，如果父母不善加引导，任由孩子发展下去，孩子就会变得任性、自私和盛气凌人。这样的孩子一般都不太合群，性格很孤僻，容易产生孤独感，时间长了，行为就不会变得十分恶劣，无法纠正过来。

　　暑假，姚女士带着女儿去游泳。恰逢暑假，游泳馆里的孩子非常多。这时候，一对双胞胎小男孩引起了姚女士的注意。这两个孩子簇拥着一个游泳圈，圈里是一位小弟弟，在两个小男孩的帮助下，他玩得非常开心。

　　家长在一旁聊天，姚女士从无意中听到的谈话内容判断，这两个男孩与小弟弟并不认识，只是偶然遇到了一起玩。过了一会儿，两个小男孩和小弟弟在水中打起了水仗。浪花飞溅的时候，大人们有几分着急，纷纷劝他们注意安全。可是孩子们玩得太高兴了，再加上游泳馆里的人很多，吵得很，他们根本就没听见，玩得更加兴奋。

这时，突然一个人工浪打了过来，小弟弟没有防备，再加上要躲闪两个小男孩的"进攻"，他的游泳圈往旁边猛地一晃，人一下子沉了下去。幸亏旁边有游泳的大人施以援手，把小弟弟救了上来，才没有酿成危险。

这时小弟弟的爸爸赶了过来，没等他开口，双胞胎小男孩的家长立刻责骂自己的儿子。小弟弟的爸爸急忙阻拦，真诚地说："我家孩子没什么事儿，只是呛了两口水，千万别训这两个孩子，他们也是无心的。"

就这样，本来有可能引起吵架的一件事情便化解于无形了。

父母的做法会直接影响孩子的情绪和判断力。处于青春叛逆期的孩子对大人的行为非常敏感，如果看到大人做事的时候斤斤计较，那么孩子很可能仿效大人的样子，变得心胸狭窄起来。

在孩子的世界里，打打闹闹避免不了，无论是吃亏、占便宜，还是被欺负，都是很常见的。父母过度干涉和介入，过于计较或心疼自己的孩子，生怕孩子受到一点委屈，教孩子以牙还牙，这些行为都会让孩子变得越来越小气、斤斤计较。因此，教孩子学会宽容，不仅能让孩子处理好自己和伙伴的关系，还能为孩子将来塑造良好的人际关系奠定基础。

孩子是宽容大度，还是心胸狭隘，都取决于父母的教育方式。为了让孩子具备一颗健康的心灵，就要教导孩子学会宽以待人。作为父母，可以从几方面入手对孩子进行宽容教育。

1. 教孩子学会换位思考

父母教孩子站在对方的角度思考问题，孩子就会变得善解人意，也能够减少与他人之间的矛盾。如今很多孩子都被惯坏了，喜欢站在自己的角度去思考问题，很少会顾及别人的感受。要想消除这种不良现象，就要让孩子学会换位思考，多站在他人的立场考虑问题。

2. 不要让孩子追求完美

每个人都或多或少有自己的缺点，因此父母要告诉孩子：在与同学和朋友交往时，要允许朋友偶尔犯一点小错，不要苛刻要求，不要事事计较，否则会伤害了对方。同时，还要让孩子明白：原谅和宽容是一种美德。但要提醒孩子一点，可以对同学、朋友退让，但不能对坏人、坏事妥协。

3. 让孩子多与同伴交往

孩子的宽容之心需要在交往活动中培养。只有通过交往活动，孩子才能深刻体会到宽容的意义，体验到宽容带来的快乐。比如，庆贺小伙伴成功、帮助有困难的同学等，都能使孩子得到友谊，也能使孩子获得进步。在孩子与同伴交往的过程中，父母要有意识地引导孩子不要嫉妒比自己强的同学。

4. 鼓励孩子纳新和应变

宽容不仅体现在对"人"的态度上，也表现在对"物"和"事"的态度上。父母要经常带孩子认识新事物，以此开阔孩子的眼界，并允许孩子有自己独特的想法，让他们积极纳新和应变，如此，孩子就会对万事万物多了一些宽容之心。

叛逆期小叮咛

叛逆期的孩子更容易斤斤计较，他们总会认为自己是对的、他人是错的。可是，只有宽容的人，才会建立良好的人际关系，因此在孩子出现问题的时候，父母就要教孩子不要刻意追求完美，学会换位思考，学会纳新和应变，这样孩子才会变得宽容起来。

第七章

惜孩子，就要让叛逆
中的他拥有好情绪

"你真的好烦呀"——帮孩子宣泄不良情绪

在不同的情景下，孩子会表现出不同的情绪。因此，通常在发生意外时孩子表现出来的情绪，很可能会让他们在很长一段时间内无法平复内心的激荡情绪，甚至还可能像烙印一样残留在他们的记忆中。其实，父母完全可以利用假设性情景，教会孩子正确地表达自己和发泄负面情绪，引导他们将自己的情绪稳定下来。

"丞丞，你哪里不舒服吗？"妈妈回到家，发现丞丞一个人坐在沙发上，也没看电视，感到有些奇怪。丞丞听到妈妈的问话，没回话，只是摇摇头。

妈妈走过去，摸摸丞丞的额头，凉凉的，又摸摸他肚子，问道："肚子疼不疼？"

丞丞还是摇摇头。妈妈又检查他的胳膊和腿："有没有哪里受伤？"

"没有！"丞丞不耐烦地拨开妈妈的手。

看见丞丞身体并没有什么异常，妈妈放心了。突然，妈妈看见丞丞两只黑黑的手，便嚷道："怎么回家又不洗手？跟你说过多少遍了，这样不讲卫生会生病的。赶紧洗手去！"

丞丞朝妈妈翻了个白眼，没有动。

妈妈用力地将丞丞拉进卫生间，打开水龙头，对丞丞说："快把手洗干净！"

丞丞噘着嘴，洗完手，跑出卫生间。妈妈一看一路上滴下的水珠，又嚷起来："为什么不把手擦干净？你怎么总是记不住。"

"烦死了，你真的好烦呀！"丞丞大叫起来，一边哭，一边把沙发上的玩具往地上扔，电视机的遥控器也被他扔到了地上，"啪"的一声，电池都摔出来了。

丞丞突然发火，把妈妈吓了一跳。这时，在厨房做饭的奶奶跑了出来，责怪妈妈说："今天丞丞不开心，本来老师让他扮演小王子的，后来却换了人。你就别再惹他了。"

妈妈懊恼地说："他自己不说，光知道哭还有理了！"

每个人都会有负面情绪，如焦虑、紧张、愤怒、恐惧、悲伤等，如果不及时排解，就会对身心健康造成危害。当孩子产生这些负面情绪时，许多父母首先会对他们进行控制："不许哭！""有什么可怕的！"可是这种方式，不仅无法真正赶走坏心情，还容易把孩子憋出内伤。相反的，用柔和的力量去化解孩子的负面情绪，不仅能在最短时间内消除孩子的坏情绪，还能让孩子在潜移默化中学会管理自己的情绪。因此，为了让孩子的身心健康得到更好的发展，父母就要引导孩子学会控制自己的情绪。

1. 教孩子认识情绪

平时，在自己或他人有情绪的时候，父母可以趁机告诉孩子"我很高兴""我很伤心"等，让孩子知道人有很多种情绪。同时，还可以通过"妈妈很生气，因为……""我感到有点难过，是因为……"等句式来告诉孩子自己的情绪来源。此外，也可以问孩子"你觉得如何""你很生气，发生了什么事"等话语，以此来引导孩子将自己的情绪表达出来，提高孩子的情绪敏感度。

2. 让孩子通过活动来体验和感受他人的情绪

父母要让孩子在丰富多彩的活动中体验自己的情绪，感受别人的情绪，知道自己和他人的情感需要。从他人的情绪反应中，孩子能逐渐领悟到积极情绪能让自己和对方快乐，消极情绪会给自己和对方造成痛苦。只要孩子在表达情绪与控制情绪之间取得平衡，就能用良好的心态表达出强烈的情感。

3. 引导孩子宣泄情绪

任何人都会出现不良情绪，叛逆期的孩子更是如此。叛逆期的孩子一般都阅历浅，遇到问题时抗压能力弱，更容易出现情绪的大起大落。要想让孩子学会控制自己的情绪，父母最好引导他们采用正确的方式将负面情绪宣泄出来，如打球、登山、参加一些活动等。

4. 接收孩子的负面情绪

作为新时代的父母，最好释放一下自己的情感，多与孩子交流，多接收孩子的负面情绪，让孩子把烦恼说出来。之后，父母再用自己的人生经验来为孩子提建议，帮助他们更好地解决问题。

5. 民主地处理孩子的不良情绪

叛逆期的孩子由于思想不成熟，难免会出现一些过激的行为或言语，这时候父母需要给他们做出适当的引导。同时，如果孩子情绪不好，父母还要弄清孩子产生消极情绪的具体原因，帮他们找到引发不良情绪的因素，继而及时解决问题，使孩子恢复到过去的平稳情绪中去。当孩子出现失恋、厌学等问题时，父母要注意自己的思想和态度，沟通的语气要尽量委婉，要与孩子进行平等交流。

叛逆期小叮咛

毋庸置疑，如果叛逆期的孩子产生了不良情绪，那么他们更容易走向极端。这时候，父母正确的做法是接收孩子的负面情绪，引导孩子宣泄情绪，民主地处理孩子的不良情绪，引导他们将自己的情绪稳定下来，以平和的心态去解决问题。

"我将来该怎么办"——引导孩子从焦躁中走出来

通常，孩子的焦虑情绪都跟这些因素密切相关：社交和周围环境的压力、学习的紧张、青春叛逆期激素分泌的增多、对更多自由权的渴望、对在同龄群体中树立地位的期盼等。也就是说，当孩子的心理诉求和外界环境产生矛盾时，他们就会感到焦虑。为了缓解孩子的焦虑不安，父母就要引导他们从焦躁的情绪中走出来。

丽莎一直是个懂事听话的女孩。自从上了初一后，她像变了个人似的，反常地任性起来，情绪经常变得紧张、焦躁，整天都问自己"我将来该怎么办"，甚至还经常跟妈妈顶嘴。

妈妈对此十分担心，到丽莎的学校向老师询问原因。老师安慰她说，青春叛逆期的孩子正处在成长发生大的飞跃或心态发生巨大变化的阶段，出现情绪焦躁等一系列症状完全在情理之中，因为他们正在进行着自身与外界的磨合和调节。老师建议丽莎的妈妈对她的反常行为尽量不要太敏感，要继续保持冷静、给予关爱。

在日常生活中，焦躁不安的孩子很容易出现问题。因为他们不会控制自己的言行，做事不能持久，精神不能集中，注意力容易分散，在做事时很容易出错。

内心焦躁不安的孩子，遇到不熟悉的问题时更容易放弃，显得比较散漫。为了让孩子从焦躁的情绪中走出来，父母就要做好以下几点。

1. 让孩子用正确的态度应对

当孩子感到焦躁不时，首先，要多体谅孩子，不要被孩子的糟糕情绪激怒，提醒自己孩子并不是故意让自己生气的。其次，弄清真相，了解和分析孩子表现出的糟糕情绪的原因。比如，父母可以询问孩子："你看起来有些焦躁，发生了什么事？"当然，也可以这样说："你现在可以不讲，什么时候想讲了，我随时都会乐意倾听。"最后，要多关注孩子。当孩子焦虑的时候，最好不要跟孩子硬碰硬，可以暂时避开孩子情绪的锋芒，然后再陪他们一起面对烦恼和困难。

2. 对孩子的意见予以鼓励

叛逆期孩子的思维会发生大飞跃。在各种因素的作用下，孩子的抽象思维能力和逻辑思维能力都会有所发展，也会有自己的独立思考和判断。在劝慰孩子的时候，如果孩子对着干，说明孩子正在充分发育和成长，千万不要予以压制和打击，要通过鼓励和讨论等方式引导他们学会周详的思考和表达。

3. 具体情况，具体对待

如果孩子故意表现出无礼、叛逆等不良行为，父母就要认真考虑一下这些行为究竟在哪些方面越过了底线，反映了孩子的何种心理诉求。如果孩子偶然出现了顶嘴，那么父母不要过于敏感，因为适当的叛逆行为能缓和孩子情绪的焦虑。可是，如果这种无礼行为经常发生且持续时间很久，就要对孩子进行相关的引导和教育。

> **叛逆期小叮咛**
>
> 当孩子出现情绪焦躁的时候，父母不要一味地指责孩子，要了解孩子出现这种情况的原因，之后找到合适的方法帮助他们调解。一定要记住，叛逆期的孩子更需要父母的倾听、理解和指引，而非指责、否定和打压。

"我看不到希望"——理解孩子的情绪多变性

俗话说"六月的天，孩儿的脸"，这话用来形容青春叛逆期的孩子一点也不为过。调查表明，叛逆期大约有三分之一的孩子存在情绪问题，而情绪不稳定占其中很大的比例。如果孩子的情绪确实整天都阴晴不定，父母就要引导他们拥有好情绪，与他人和谐相处。

一直以来，晓超都是个乐观、开朗的孩子，与父母、老师、同学都相处得很不错。

可是，自从上了初二，他的情绪就有了细微的变化。尤其是发生了某件事后，他常常会变得喜怒无常、情绪波动很大。当然，他也有心情好的时候，每次取得了好成绩，老师表扬他时，他就会兴奋不已，认为自己无所不能，似乎所有的不快都一扫而光；可是，成绩一下降时，他就会说"我看不到希望"，情绪就会陷入谷底。

如今，他已经读初三了，但是阴晴不定的多变情绪并没有改变，情绪依然很容易波动。眼看马上就要升高中了，他心理压力越来越大，情绪也越来越不稳定。看到喜怒无常的儿子晓超，妈妈都不知道该怎么办了。

青春叛逆期是人生的一个特殊时期，在这一阶段孩子的心理和生理上都会发生明显的变化。生理上的变化是一种自然的发育成长，自然会受到父母的关注和关心，但是父母更要关注孩子的情绪变化，尤其是当孩子情绪阴晴不定时。

通常，孩子情绪阴晴不定是有原因的，父母要鼓励孩子多跟他人交往，让他们的状态慢慢恢复过来。具体来说，父母可以从多方面关注、理解孩子，不要忽视孩子的情绪变化。

1. 理解孩子情绪多变的真正原因

孩子进入青春期后，他们不但在行为上表现得比较叛逆，在情绪上还会表现得比较多样化。这一时期，孩子的情绪会进入一个"神秘兮兮"的阶段，他们时而理智谨慎，时而感情用事；时而开怀大笑，时而莫名忧伤；时而阴晴不定，时而乐观开朗；时而脾气暴躁，时而安静柔和……

其实，这些多变的情绪是有原因的。研究发现，青春叛逆期孩子情绪的多变和大脑的发育有关。我们的大脑中有两个组织，一个叫杏仁核，另一个叫额叶。杏仁核是产生情绪的，额叶是控制情绪的。而青春叛逆期孩子的脑发育是不平衡的，且这个不平衡就是指杏仁核和额叶发育的不平衡。因此，青春叛逆期的孩子很难真正地控制自己的情绪。所以，父母要理解这个阶段的孩子本来就容易冲动，容易情绪多变，而不是孩子故意跟大人对着干。

2. 尊重孩子的自尊心，肯定他们的独立意识

青春叛逆期的孩子心理上更倾向于独立，凡事都喜欢自己做决定、拿主意，喜欢按照自己的喜好去做事，不希望他人干涉自己的行为，即使是父母也不例外。另外，这一时期孩子的自尊心也比较强，无论事情对错都不愿意接受批评，尤其是父母一些过激的言论和方式更令他们反感。

总之，对于孩子个人的事情要以尊重为原则，肯定他们的独立性，否则过多的干涉和阻挠只能激起孩子的逆反心理，造成孩子情绪的更大波动。

3. 给孩子独立的空间，不擅自干涉太多

针对叛逆期孩子情绪波动大的情况，父母在平时就应当给予孩子充分的自由和相对独立的生活空间，不要对他们干涉太多，也不要擅自闯入他们的生活空间。比如，穿衣打扮、同学之间的事情、感情问题等，要适当过问、点到为止，不要滔滔不绝地唠叨个没完。同时，对孩子个人的生活空间也要给予必要的尊重，如不查阅他们的QQ聊天记录等，当然更不要随便出入他们的房间。

4. 适度宽容，不以"火"压"火"

由于生理和心理的发展变化，叛逆期孩子的情绪比其他阶段更容易变得暴躁和焦虑，有时候还会出现一些过激言行。父母不能以"火"压"火"，否则只能让事情变得一发而不可收。

叛逆期的孩子情绪容易出现波动，倘若再遇到脾气火暴的父母，亲子之间肯定少不了家庭矛盾，会严重伤害双方的感情。因此，当面对孩子的逆反行为和有意顶撞时，父母一定要先静下心来，争取先冷静处理。

叛逆期小叮咛

到了青春叛逆期，孩子也可能出现"情绪发病期"，即每隔一段时间，他们就会莫名其妙地出现情绪低落的状况，闷闷不乐，不愿理睬别人，也没心思做任何事。如果父母忽视了这一点，不仅会影响孩子的心情、耽误学习，还会影响他们与同学的关系。

"让我静一静"——引导孩子远离浮躁，安静下来

过于浮躁的孩子往往行事马虎，丢三落四，做事不能有始有终。他们情绪不宁、波动大，做事缺乏耐心，马虎大意，在学习上常常表现为他人讲解题目的时候都会，自己独立一做就错。遇到这种情况，父母必须帮孩子及时纠正。

小燕是一名13岁的女生，她在做事情的时候总是没有耐心。每个学期刚开始，她都会为自己制订很多的学习计划，但是很多计划都没有坚持到最后。

两个月前，她为自己制订了一个学习计划——本学期学会800个英语单词，每周学会50个单词，每天学10个单词，星期六和星期日用来复习这些单词。

但是这个计划刚刚确立了一天，她就开始抱怨："我的作业太多了，这个学习目标对我来说太难了。"

父母鼓励她:"每天学习10个单词,只需花半个小时就可以。如果你坚持下去,就一定能够做到。"

但是小燕觉得学校的作业还没有做完,根本没有办法静下心来想别的,更别提背诵英语单词了。

父母再次提醒小燕:"其实,针对学校老师布置的作业,也可以有计划地来写。比如,先写容易做的、作业少的科目,再写……"

听到这里,小燕不耐烦地说:"让我静一静,行不行!"面对父母的好心,小燕却不领情。小燕的父母感到很困惑,不知道该如何引导孩子远离浮躁。

在这个浮躁的社会,浮躁心理也成了当前青春叛逆期孩子的一种通病。浮躁的孩子一般都行动盲目,不喜欢思考,缺少计划,做事心神不定,缺乏恒心和毅力,做事急于求成,不能脚踏实地。比如,看到他人钢琴弹得好,便报了辅导班,但学的时候静不下心来;做作业的时候,一开始积极性还挺高,但半小时之后或者遇到不会的问题时,就会果断放弃;有的孩子兴趣爱好转换得太快,干什么事都没有常性,今天学绘画,明天学钢琴,后天学书法……

如果不及时纠正这种浮躁心理,就会影响孩子的身心健康,出现生理功能紊乱、睡眠障碍、神经紊乱等,更会让孩子变得紧张、烦躁、易怒,降低注意力和思维力,继而直接影响学习成绩和做事的成败。

从某种意义上来说，一个人做事风格的好坏决定着事情的成败。因此，父母一定要引导孩子养成踏实、认真的做事风格，不浮躁、不轻慢，这样，孩子将来无论从事学习还是工作，都会将自己的全部热情投入进去。具体来说，怎样克服孩子的心浮气躁情绪呢？

1. 引导孩子树立远大志向

孩子一旦树立了远大志向，就会为实现这个目标而奋斗和努力，如此也更有利于防止孩子滋生出心浮气躁的心理。同样的，常立志会让孩子变得更加浮躁。如果孩子确立了志向和奋斗目标，父母就不要让他们轻易改变，让孩子学会坚持。

同时，一次树立的志向也不能太多，对于自己认定的志向要坚持。要让孩子知道，只要尽力为自己的梦想奋斗，心态就能安定下来，就能踏实做事，就能矢志不渝。

2. 对孩子严格要求

要想让孩子做事踏实一些，减少他们做事三分钟热度的毛病，就要引导他们制定严格的作息时间表，积极培养孩子良好的学习行为。当检查作业时，既要检查有没有完成，还要检查结果是否正确，更要检查做题是否规范。只要发现不合乎要求，就要立刻纠正或重做。孩子遇到了不会的题目时，父母要多进行耐心的辅导，不要轻易指责，否则会打击孩子的积极性。

3. 让孩子养成良好的行为习惯

为了克服孩子心浮气躁、做事马虎的毛病，在做事之前，要让孩子先思考后行动。不管遇到任何事情，都要让孩子问自己这样几个问题：为什么要做这件事？打算怎样做这件事？预计将这件事做成什么样？这样，开始做事的时候，他们就会减少焦躁和浮躁，养成做事认真、有始有终的好品质。

叛逆期小叮咛

做事浮躁，很难将一件事完整地做成，这几乎是叛逆期孩子的通病。父母要引导孩子通过树立远大的志向，认真对待自己的作业，养成良好的行为习惯等，让孩子将自己的心安静下来，不骄不躁，以平和的心态来应对所有的事情。

第八章

助孩子，就要让叛逆中的他完善综合能力

"我……我打破碗了"——提高孩子的抗挫能力

在万千宠爱中成长起来的孩子，接受了父母过多的照顾和保护。他们依赖性强，自觉性差，无法很好地独立思考和独立做事。可是，生活中挫折无处不在，甚至还伴随着孩子的每一步成长，因此父母有意识地让孩子受点苦累和挫折，尝试一点生活磨难，不仅能够培养孩子面对困难的勇气，还能提高他们克服困难的能力。

明明的爸爸常常会让明明做些力所不及的事情。他总对朋友说："失败是成功之母。孩子只有经历过失败，才能因为接受教训而一步步走向成功，才能真正地成长。"

明明现在才12岁，可不要小看这个小男孩，他现在不但能照顾自己的起居生活，连修理电器和水管之类的事情都会，甚至连汽车的小毛病他都能说得头头是道。

原来3岁的时候，明明看到妈妈正在厨房洗碗，他非常好奇，拉着妈妈的腿，不愿和爸爸到客厅去。

见儿子这样，爸爸干脆把明明抱到洗碗池的边上说："来吧，儿子，你去洗碗吧！"明明听后非常高兴，立刻在洗碗池边洗起碗来。

虽然他是在洗碗，却像在洗澡一样，他的衣服全都湿透了，不但碗没有洗干净，还掉到地上摔碎了一只。顿时，明明尖叫起来："我……我打破碗了！"爸爸只是在一旁提醒明明小心，别被碎渣弄伤了。

可是爸爸都没有叫停，也没有告诉他该怎么洗碗，只是一直站在一旁，笑着观察明明的一举一动。开始时，明明还觉得站在洗碗池旁是件非常有趣的事。但是，过了一会儿，他就感觉到这一点都不好玩，碗上的水沾到了他的脸上，湿衣服也贴在身上，他感觉非常难受。

明明求助似的看了看爸爸，爸爸则故意把头转向窗外。明明无聊地在水池旁把碗推来推去，终于，他忍不住大哭起来。

这时，爸爸才把明明抱出去洗澡，给明明换好干衣服后，又带他到洗碗池边，让明明看着自己戴好围裙，把洗涤剂挤在水中，之后在明明的注视下，爸爸把碗一个个地洗干净了。然后爸爸把明明的玩具放在水池中让明明洗，这次明明的衣服只湿了一部分。在明明第三次学洗碗的时候，只有袖子湿了一点。渐渐地，年幼的明明就学会了洗碗。

其实，生活中的很多挫折都出现在不经意间，如学习环境的变迁、家庭的变故、好友的背叛或学习或事业上的失意等，因此，只有在孩子没有充分准备的状态下进行的抗挫力的培养，才能让他们成功地经历"挫折教育"。否则遇到挫折时，叛逆期的孩子很容易陷入负面情绪，他们会将失败的想法归咎到负面事物上，会对自己进行责备和否定。

其实，对于这一时期的孩子来说，挫折的到来未必是坏事，关键在于孩子自身对待挫折的态度。抗挫能力强的孩子，即使是在困境中也能快乐前行，因此培养孩子乐观开朗的个性很重要，这样才能让孩子坚强面对挫折。

1. 帮孩子正确理解挫折

只有让孩子在克服困难中感受挫折、认识挫折，才能提高他们不怕挫折、敢于面对挫折的能力。所以，在对孩子进行挫折教育时，父母要让他们直观地了解事物发展的过程，充分感受挫折，正确理解挫折。遇到困难的时候，要引导孩子积极面对而非逃避。只要孩子战胜了困难，他们的勇气就会增加，就能激起战胜困难的愿望。

2. 教会孩子正确对待失败

叛逆期的孩子对周围的人和事物的态度是不稳定的，容易受到情绪等因素的影响，遇到问题或困难时很容易产生消极情绪。此时，父母要及时告诉孩子：失败并不可怕，只要勇敢面对，就能战胜失败，走向成功。

3. 对孩子的期望应合理

每个孩子都有长处与不足，父母要对他们做出客观的评价，并据此对他们提出合理的要求和期望，激励孩子向正确的目标努力。只看到孩子的优点而无视他的缺点，就容易使孩子对自己的不足缺乏认识，甚至还会骄傲自满，不能接受失败；对孩子抱过高期望，会增加孩子的心理压力，使孩子不敢面对失败。当然，总是挑孩子的毛病，贬低孩子，对孩子不抱任何期望，也会伤害孩子的自尊。因此，要给孩子设立合理的期望。

4. 给孩子提供锻炼的机会

为了让孩子在今后的生活中少吃苦头，父母要给孩子提供锻炼的机会，提高他们承受挫折的勇气和能力。要想让孩子走出大人的保护圈，父母就不要大包大揽地将孩子成长过程中的困难都解决掉，要鼓励他们自己解决问题，继而实现自我成长。

叛逆期小叮咛

叛逆期的孩子抗挫能力多半都比较弱，很容易做出一些伤人害己的事情。父母给孩子的期望要合理，要帮孩子正确认识挫折和失败，给孩子提供锻炼的机会，让孩子逐渐提高抗挫折能力，从而勇敢地面对挫折。

"我不想跟他搭伴了"——鼓励孩子与他人合作

合作是人类社会赖以生存和发展的重要组成部分。在现代社会，只有善于与人合作的人，才能获得更广阔的生存空间，才能赢得好的发展。叛逆期的孩子比较特立独行，他们不喜欢受到拘束，不喜欢和他人合作。其实，面对这时期的孩子，父母要鼓励他们与人合作，鼓励他们多跟他人商量和沟通，多感受合作的便利和乐趣。

有一天，班里组织孩子表演唱歌，老师让孩子们自由选择伙伴进行表演。

周女士的儿子丁丁选择了强强作为自己的表演伙伴。音乐开始，两人表演、配合得非常好。但是在唱第二遍时，丁丁想主动握强强的手，而强强也想主动握丁丁的手，两人都想采取主动，争执不休，互不相让。最后，两个人赌气似的谁也不配合谁，从而忘记了唱歌，而其他同学都跟着音乐表演得非常好。活动结束后，丁丁和强强心里都非常难受，两个本来关系很好的朋友变得互不理睬了。

事后，老师给周女士打了电话，讲述了发生在学校的事情，希望她劝劝孩子。

儿子放学回来后，周女士问他发生了什么事。儿子陈述了一遍事由，果然跟老师说的一样。周女士好心相劝，谁知儿子甩下一句"我不想跟他搭伴了"，之后便钻进了自己的房间，不再出来。

合作能力是当今世界人才的重要素质之一，是孩子在未来适应和立足社会不可缺少的重要能力。可是，现在的教养模式和家庭结构让很多孩子都喜欢以自我为中心，唯我独尊，缺乏团结协作精神。他们任性、脾气大，合作能力自然就会差一些。这些都是孩子心理品质上的弱点。如果孩子正处于叛逆期，这种情况会愈加严重。

因此，针对孩子的合作精神的培养，需要父母精心教育和情感感染。父母要充分认识到合作精神培养的重要性，在日常生活中提高孩子的合作意识，不断地对孩子进行合作教育，让孩子具备合作精神，提高合作行为。

1. 让孩子树立合作意识

孩子只有提高了合作意识，才能在合作的过程中逐渐克服以自我为中心的毛病，才能在孩子之间营造一种团结、友爱、互助、合作的群体氛围，增强孩子的社会适应性。因此，父母要在潜移默化中帮助孩子树立正确的合作意识，使他们懂得：每个人都是群体中的一员，彼此之间是平等的，遇到矛盾或困难时只要齐心协力，就能解决和战胜。

2. 让孩子学会悦纳别人

所谓悦纳别人，是指从内心深处真正愿意接受别人。只有认识并欣赏对方的长处，合作才会有动力和基础。父母要让孩子不忌妒或不轻视别人的长处，不对自己失去信心，而是善于利用彼此的长处达到共同的目标，实现双赢。要鼓励孩子多看别人的长处，并诚心诚意地加以赞美。

3. 让孩子多参加集体活动

父母让孩子多参加一些集体活动，使孩子在集体活动中自觉地意识到与他人真诚合作的必要性。孩子多参加集体活动，就能增强团体合作意识，掌握处世艺术，形成乐观、大方、宽容、团结等优秀品质。比较常见的集体活动，如足球、篮球等，既有两个团队之间的对抗与竞争，更有团队内部的协调一致，非常有利于培养孩子的团队精神。

4. 让孩子感受合作的快乐

一旦感受到合作的快乐，孩子就会产生合作的需要，端正与人积极合作的态度。所以，为了让孩子的合作行为更加稳定、自觉，父母要引导孩子感受合作的成果、体验合作的愉快，继而进一步激发孩子的内在合作动机。在生活中，可以给孩子设置合作竞赛活动，让他们努力通过合作去完成。当孩子表现出合作行为时，父母可以拿出事先准备好的照相机拍下"合作成果"，同时还要对孩子合作后的结果给予肯定和激励。

5. 教孩子一些合作技巧

由于叛逆期的孩子社会交往经验不足，父母要将合作的技能教给他们。比如，合作中既要尊重对方，服从大局，又要坚持自己的立场；不能唯我独尊，要充分顾及他人的需求和感受。再如，下棋时孩子们一般都想赢，就会出现一些争吵、耍赖等情况，这时要告诉孩子如何谦让、如何遵守规则、遇到问题怎样去商量等。

叛逆期小叮咛

当叛逆期的孩子因标榜个性和独立意识而排斥与人合作时，父母要设法让孩子树立合作意识，通过教给孩子一些技巧和方法让孩子在集体活动中感受合作的快乐。同时还要对孩子的合作意识和行为给予肯定，以此来强化和提高孩子的合作行为。

"我昨晚学到了快两点"——引导孩子学会时间管理

为什么有的孩子学习成绩差，有的孩子学习成绩好？孩子的学习成绩好坏，除了跟先天的遗传和后天的学习方法有关之外，还跟孩子对时间的管理和利用有很大关系。教育学认为，真正决定孩子学习成绩的不是智商，而是孩子对时间的管理能力。不懂得时间管理，即使每天熬夜补课或学习，成绩也不会太理想。因此，时间管理能力也是孩子需要具备的一项重要能力，因此父母要引导孩子提高对时间的管理。成功学大师拿破仑·希尔讲过这样一则故事：

乔打算晚上安心做功课，准备七点钟开始看书，但是晚饭吃得太多，只好先看会儿电视消遣消遣。乔本想只看一会儿，谁知抵挡不住节目的诱惑，待节目看完，已经晚上八点了。谁知晚上八点钟的时候乔刚想坐下看书，朋友就打来了电话，聊到快九点钟。

接完电话，在去自习的路上，看到有同学打乒乓球，乔又心血来潮，又打了一个小时乒乓球。打完球后，出了一身汗，只好去洗了一个澡。洗完澡后忽然感到困意来袭，于是小睡片刻。睡醒后，感到有些饿，于是便去吃夜宵。

就这样，本打算晚上做功课的时间就这么过去了，半夜一点时乔才打开书本，但这时双眼已经不听使唤，只好放弃，上床睡觉。

第二天早上乔对老师说："我希望你再给我一次补考的机会，我真的很用功，为了这次考试，我昨晚学到了快两点！"

时间，是做任何事情都需要的一个要素。可是，除了正常的休息、吃喝、休闲等，每个人每天用于做事的时间都是有限的。时间管理能力强的孩子，不仅可以对时间进行合理的分配，还可以提高做事效率，将时间的价值最大化。不懂时间管理的孩子往往不会合理分配时间，而是将重要的时间用在玩乐、游戏等；对于不喜欢的事情，花费在上面的时间就少了很多。此外，如果几件事情同时需要处理时，不懂时间管理的孩子更容易陷入混乱的境地。

因此，为了培养孩子的时间管理技能，父母可以从几方面做起。

1. 学会设定事情的优先级

时间管理的关键是学会设定事情的优先级，让孩子根据事情的轻重缓急来合理安排时间。比如，重要的事情安排在前面，次要的事情安排在后面；时间紧的事情安排在前面，时间充裕的安排在后面；花费时间少的安排在前面，花费时间多的安排在后面……只有分清了事情的优先级，孩子才能更好地学会合理安排时间。

2. 检查孩子的时间分配

对于孩子将自己时间的安排情况，父母不能忽视检查。如果孩子将重要的事情放在了后面，要引导他们调整；如果孩子将需要立刻完成的安排在了后面，也要告诉他们如何微调。同样的，如果孩子将用于学习的时间花费在了游戏上，就要做出批评。

3. 规划好户外活动时间

对于时间的安排，除了学习、看电视、玩电脑等，同样不能忽视户外活动。父母要鼓励孩子多参加户外活动，比如，出去跟同学一起打篮球或骑自行车。也可以利用户外活动的时间，和全家人一起出去走走、逛逛，增加亲子沟通和交流。

叛逆期小叮咛

时间管理能力是孩子需要具备的一项基本技能，叛逆期的孩子如果不懂得合理利用时间，就会将时间无限制地浪费掉。因此，父母可以引导孩子设定事情的优先级，检查孩子对时间的安排情况，引导孩子学会管理时间。

"我没有跳舞的天分"——培养孩子坚强的意志力

意志力是一个人朝自己的目标前进的动力之一，对孩子的认知活动发挥着重要的影响和作用。意志力作为非智力因素，它的强弱直接决定做事的成败。意志力强的人则可以控制个人情绪，克服消极情绪干扰，把事情坚持到底；意志薄弱的人更容易受到消极情绪的影响，更容易半途而废。叛逆期的孩子更容易受到外界事物的影响而半途而废，因此，培养他们坚强的意志力是每个父母应该做的事。

小琳正在读六年级，她乐观开朗，爱好广泛。但是她有一个很不好的习惯，那就是做事情遇到困难时就轻易地放弃。在她的观念里，坚持就是浪费时间。

小琳五年级时喜欢上了舞蹈，她身材纤细苗条，很有跳舞的天分。刚到舞蹈班时，老师非常器重她，她也很认真地练习了好久。

但是，当有个别舞蹈动作练了很久也没有准确地掌握时，她就不耐烦了，直接跟老师说她不跳了。她跟老师说："我没有跳舞的天分，不应该在这里浪费时间。"

老师告诉她："成功的舞蹈家都不是一蹴而就的，要经过辛苦的努力才成为舞蹈名家。"但她不听，没有和妈妈商量，坚持退了舞蹈班的课。

过了几天，小琳又迷上了绘画，没练几天，她又打了退堂鼓……

在过去的两年里，小琳先后学习过舞蹈、绘画、钢琴，但是一直到今天她依旧一门特长班也没有坚持下来。

一个孩子如果具有很强的意志力，就会自觉地确定目的，做好自我调节和时间支配，克服困难，是孩子能动性、积极性的集中体现。因此，父母引导孩子具备坚强的坚持力，对孩子今后的人生道路有着很大的影响。

通常，为了培养孩子坚强的意志力，父母可以从以下四个方面做起。

1. 为孩子明确一个目标

事实证明，目标明确的孩子意志力一般都较强。父母要指导和帮助孩子制定目标，为孩子明确努力的方向。孩子心中一旦有了目标，就相当于有了"盼头"，为了实现目标，就会不断努力，表现出坚毅、顽强和勇气。

值得提醒的是，父母帮孩子制定的目标一定要合适，要让孩子通过努力能达到。同时，要鼓励孩子坚决执行，不要让孩子半途而废，直到实现为止。

2. 鼓励孩子克服障碍

我们知道，坚强的意志是磨炼出来的。环境越困难，越能锻炼人的意志力。为了磨炼孩子的意志力，父母就要有意识地给孩子设置障碍，为他们提供独自克服困难的机会。倘若父母将孩子前进道路上的障碍全部扫清，现在孩子可能会一帆风顺，但是日后就会逐步失去走坎坷道路的能力。

3. 教孩子提高自我控制能力

孩子意志力的养成需要父母的严格要求。因此，父母应启发孩子加强自我控制，引导他们自我鼓励、自我禁止、自我命令、自我暗示等，继而使意志力得到锻炼。比如，如果孩子觉得很难开始行动时，可让他们自己数"三"，或给自己下个命令，如"大胆些！""不要怕！""再坚持一下"等。

4. 给孩子合适的表扬

孩子都喜欢得到父母的赞扬和鼓励，一旦得到了赞扬和鼓励，孩子往往更能坚持下去。因此，如果孩子在日常行为中一直都很努力或者取得了点滴进步，父母要适时、适度地给予赞许。

父母看到孩子意志力不坚定时，千万不要说"我就知道你做不完""我早就说你做事三分钟热度"等丧气话，否则只会增加孩子的挫折感，最终失去自信心。

> **叛逆期小叮咛**
>
> 　意志力弱的孩子通常都无法长时间做一件事，很容易半途而废。叛逆期的孩子更容易如此。要引导他们通过制定明确的目标，提高自我控制能力和克服障碍的能力，以此帮孩子树立坚强的意志力和持久的坚持力。

第九章

护孩子，就要让叛逆中的他正确与异性交往

"我哪有这么全面呀"——引导孩子正确处理情书

对于叛逆期的孩子来说，"情书"是个敏感且令人期待的词语。孩子长到十岁左右，随着情感和身体的快速发育，与异性同学的交往就会出现两个极端，要么比较羞涩，要么比较大胆。早恋、写"情书"就会成为他们最时髦、最大胆的表达情感的形式。

其实，叛逆期的孩子对异性产生好感是很正常的一件事，这只是他们对异性的一种朦胧的好感。这种感情并不是什么洪水猛兽，并不丢人。只要孩子将事情处理得好，根本就不会出现什么问题。

女儿正上初二，一天廖女士问她收到过情书吗，她愣了一下，然后摇摇头。廖女士故意惊讶地问："不会吧？你这么优秀怎么会没收到过情书？"不知是女儿不想承认，还是真的没收到过。总之，她羞红着脸问廖女士："如果我收到了情书，该如何处理呢？"

廖女士说："第一，这说明你长大了，开始吸引异性的目光了，是件好事。第二，要分析一下自己的魅力是什么，是品德好、学习好，还是气质好、脾气好，又或是形象好、身材好？"

女儿听了，羞涩地说："我哪有这么全面呀，我还差得远呢。"

廖女士笑着说："其实这些都是异性比较看中和欣赏的女性魅力。想拥有这些魅力并不难，只要具备这几项，就会魅力四射。首先，不论是否对某个男生有好感，都要静观其变。因为青春期的孩子都还没定型，一个男生今天说喜欢你，这很正常，所以对他的情书不必看得太重。见到他还要像以前一样表现得落落大方，否则会引起他的误解。其次，选个合适的时机直接告诉他，上大学前你不想考虑任何与学习无关的事。再次，写情书的男生对你的感情很有可能不是爱，充其量也就是一种喜欢和好感。一个男生如果没有能力对女生负责，即使再优秀，也不能接受。只要你足够优秀，将来还会赢得更多优秀男士的青睐，到时候，可要擦亮眼睛，选一个正直、勇敢、坚强、有责任心、有事业心的人……"

女儿听了，一脸得意，大言不惭地说："妈，你放心吧，我将来找的丈夫一定比我爸爸强。"

廖女士拍拍女儿的脑袋，笑着说："好呀，希望如此。一会儿等你爸下班了，我一定要把这话告诉他。将来我们看看谁的丈夫更优秀。"

这位母亲的教育方式真是让人佩服。的确，教育需要机智，需要大智若愚。再小的孩子也需要尊重，倘若不问青红皂白地对他们指手画脚、空讲大道理，只会让他们变得更叛逆，导致他们的行动和父母的期望相去甚远。

情书的出现，多半都是孩子为了表达对某位异性的好感，这种感觉有崇拜，有艳羡，有爱慕，并不是成人眼里的"爱情"，更不是成人认为的"孩子收到情书，就是在谈恋爱"。不管是和风细雨般的引导，还是疾风骤雨般的教育，目的都是引导孩子正确对待早恋和情书，而不是伤害孩子的自尊，无意识地将孩子引向对立面。

如今的孩子越来越早熟，连小学五六年级的孩子都会收到情书，更别说本身就性格活泼、长相靓丽或高大帅气、乐于助人、成绩优秀的男孩女孩了。只不过，不同性格的孩子反应可能不同罢了。性格外向的，可能会直接拿着情书让父母看；性格内向的，可能会将情书偷偷地藏起来。那么，如果孩子收到了情书，该如何引导他们正确对待呢？正确的处理方法又是什么呢？

1. 让孩子装作若无其事的样子

处于叛逆期孩子的感情存在很大的冲动性，写情书的举动可能也是一时冲动。面对这种情形，可以引导孩子装作若无其事的样子来应对，就好像这件事从来没发生过一样。比如，可以告诉孩子："收到后立刻回信，对方会误以为你对他也有好感，就会继续纠缠。因此，最好将这件事看得淡一些，当作什么事都没发生过。"明智的做法是与该同学正常交往，既不要过分疏远，也不要过分热情，时间长了，当对方意识到情书只是情感一时的冲动，便会逐渐淡忘，彼此之间也会逐渐恢复到原本单纯的友谊关系。

2. 告诉孩子如何表态

收到情书后，也可以让孩子直接表态，将自己的态度直接告诉对方。具体的表态方法要因人而异。如果孩子性格大大咧咧，心里藏不住事儿，就可以让他直接表明自己的观点，但语言要婉转，不能伤了对方。也可以直接将信还给对方，同时告诫对方"不要再写了，我们还是做朋友吧"，回绝的态度要坚决，方式要恰当，语气要温和。

叛逆期小叮咛

叛逆期的很多孩子都会收到情书或者写情书，这是这一时期孩子情感微妙的体现。要引导孩子用正确的方式来处理情书，比如，当写情书的一方是出于冲动而写时，可让孩子装作若无其事地面对情书和写情书的孩子；当写情书的孩子很明确自己的目的时，可以让孩子语气温和又明确地拒绝对方。

"不就是搂了一下我的腰吗"——让孩子把握好与异性交往的尺度

处于青春叛逆期，孩子与异性之间的相处最容易被误解且最容易出现偏差。看到孩子情窦初开，有的父母会在心里暗暗着急，有的父母会旁敲侧击地劝阻，有的父母则会不由分说地制止……无论哪一种处理方式，都缺少了与孩子开诚布公的沟通，也都没有为他们提供有效的指导，最终只会将孩子越推越远。

任何一个孩子与异性的交往不但不可避免，而且是每个孩子都需要掌握的基本交际形式。所以，与其跟孩子对着干，不如将异性相处的尺度告诉孩子。

琳娜正在上高一，为人大大咧咧，入学不到一个月就跟班上的同学打成了一片。琳娜的同桌是个阳光帅气的男孩，身材高大，干净清爽，思维活跃，两人很合得来。再加上两人都爱好摄影，有很多共同语言，于是不知不觉间就关系亲近了起来。

这天，和同桌从图书馆下楼的时候，琳娜一不小心崴了脚。为了减缓疼痛，同桌打车将琳娜送回家。琳娜家住在四层，为了便于琳娜行走，同桌只好扶着她到了四楼。

到了门口，琳娜拿出钥匙打开门。同桌将她送进门后，将她扶在沙发上。琳娜的妈妈看到这一幕，急忙上去问她怎么回事。了解了情况后，妈妈带着琳娜去了医院，结果诊断为轻微扭伤。

虽然不严重，但琳娜依然需要休息，只好跟学校请了假。同时，两人约好每天晚上同桌来给她补课。这天晚上八点多，同桌离开后，妈妈走进琳娜的房间，说："你才请了三天假，不要让同学来给你补课了，耽误人家时间。"

琳娜品味着妈妈的话，像是明白了什么，说："他只是帮我补课，我们没干别的！"

妈妈似乎恍然大悟般地说："你怎么知道我要问什么？是不是心虚了？我都看到了。"

琳娜知道妈妈一定是想歪了，忙问道："你看到什么了？"

妈妈理直气壮地说："那天，他扶你进门的时候，还搂着你的腰？崴脚了，怎么还用搂腰啊？"

听到妈妈这样冤枉自己和同学，琳娜脱口而出："不就是搂了一下我的腰吗，怎么了？而且，人家也是在帮我。你的脑子整天在想什么？"

听到女儿顶撞自己，妈妈的火气一下子上来了："我能想什么，还不都是为你好！"

琳娜也不甘示弱："出去！我要学习了！"

看到这个案例，相信很多父母都会觉得琳娜的妈妈有些大惊小怪了。当然，有些父母也会觉得琳娜的妈妈做得对。那么，究竟该如何认识琳娜妈妈的行为呢？

其实，异性同学间的交往目的分很多种，很多时候并不是为了谈恋爱而交往的。即使是一对一的男女同学约会，也可能是为了讨论学习，也可能是为了交流对一些事情的看法。虽然青春叛逆期的孩子还不成熟，容易冲动，但是他们都具备一定的自我保护意识和自制能力，在恋爱问题上也会很慎重。

如果误会孩子深了，逼孩子紧了，孩子真的可能早恋。两个孩子经常在一起，关系不错，本来可能只是纯粹的友谊。但如果父母给孩子贴上"早恋"的标签，孩子就有嘴难辩、无处述说。外界的压力，有可能会迫使他们真的恋爱起来。这种情况都是父母不愿意看到的，一定要慎重对待。因此，父母要做的就是，正确看待孩子的异性交往，并将与异性交往的尺度告诉孩子。

1. 光明正大地跟异性同学交往

很多时候，事情越保密，别人就越好奇，越容易引起误会。因此，父母要告诉孩子，既然要交往，就要大大方方的，不要扭扭捏捏、不好意思。比如，当异性同学约孩子一起参加某项活动、逛书店、听音乐、看球赛时，完全可以鼓励孩子大方地赴约；同时，要让孩子将这件事大大方方地告诉父母。

2．多参加男女生同在的群体活动

如果孩子同时与几个异性同学相处，就会减少紧张、羞怯的心理，容易自然地表达自己，更有助于孩子用平常心跟异性相处。同时，在群体活动中孩子更可以了解不同的异性。这样，对于孩子建立健全的爱情观和异性朋友观都是有帮助的。

3．不要整天只跟某个异性同学在一起

整天只跟某个异性同学交往，不仅容易引起别人的议论、父母的猜疑，还容易使自己想入非非，而且无法领略更多异性身上的风采。只有让孩子接触更多的异性同学，才有利于孩子认识、了解更多的异性。比如：有的女孩长得很漂亮，但心眼小；有的男孩成绩不错，但没有同情心……

4．让孩子不要投入太多的情感

与人交往，无论同性之间还是异性之间，都是从喜欢或不讨厌对方开始的。男女同学之间的交往同样如此。要想掌握好与异性同学交往的度，就不要让孩子投入太多的感情，不迷恋对方。一定要告诉孩子：如果对方看你的眼神变得专注或两人恨不得每天都在一起时，就要慢慢减少单独在一起的次数和时间；即使是在一起，也要多谈学习有关的事。

叛逆期小叮咛

叛逆期的孩子都有独立意识，他们希望获得大人的信任和理解，如果大人突然给他们贴上"交友不慎""早恋"等标签，孩子多半都会对着干。如果信任孩子，就不要反对孩子跟异性同学的交往，因为除了恋爱之外，同学之间还有很多美好的感情。千万不要用自己的怀疑之心，破坏了孩子和同学之间的纯真感情。

"对方吸引你的地方是什么"——引导孩子摆脱挥之不去的单相思

　　暗恋是一种没有回报的爱，会让孩子陷入极其忐忑、苦闷和烦恼的状态里，不仅影响学业，还会对身心健康造成负面影响。叛逆期陷入单相思的孩子更容易钻牛角尖。这时候，不妨直接告诉他们：爱情不能强求，更不能靠乞求得来。一旦孩子正确认识了自己的情感，就能很快从单恋的状态中摆脱出来，继而处理好自己跟暗恋对象的关系，彼此间的关系也会恢复到纯洁的同学友情。

　　女儿小若性格大大咧咧，非常爱笑。妈妈提醒她多次，女孩子要顾及自己的形象，可小若依旧我行我素。可是一个月前，妈妈感觉小若的情绪不对，变得脆弱、易伤感了。她试探性地想了解一下情况，小若似乎没有做好与妈妈交流的准备。从小若表露出来的迹象看，妈妈感觉小若好像是早恋了！

　　终于某天晚上，小若在临睡前找妈妈倾诉："妈，有件事情我想跟你谈谈。"妈妈放下手头上的活儿，拉着女儿坐了下来。

小若说："妈，我喜欢上了一个男孩。他与我同年级但不同班。"

妈妈说："谢谢女儿把我当朋友般信任。那么，对方吸引你的地方是什么？"

小若回答："他人好！但学习成绩没有我好。"

妈妈继续听，原来小若所说的人好，是指男孩人长得好看，很多女生都喜欢他。

妈妈有一种想纠正她不成熟认知的冲动，但强忍住了。小若继续说："我就是喜欢他！"

"嗯！妈妈想知道，他喜欢你吗？"

"他不喜欢我！"

妈妈想搞清一个事实，就问她："他知道你喜欢他吗？"

"不知道，"小若的声音几乎小得听不到，"我不想让他知道，但也不用他知道，因为他有女朋友。我决定结束这场在中学时代不会有结果的单恋。我打算从今以后更努力打造自己，使自己变得更优秀，在若干年后成为公众人物。当我成为众人仰慕的对象时，相信那个男生也会注意到我，甚至会主动追我呢！"

叛逆期是孩子单恋的"多发季"。单恋的感情固然真挚、强烈，对异性同学的喜爱固然单纯之至，但我们却不提倡。因为要想斩断这种情丝有时很难，但让情感执着下去，孩子更会受到伤害，时间长了，甚至还会陷入失望、自卑、固执、悲伤、怨恨等境地。因此，父母一定要引导他们早日走出单恋的漩涡，让他们健康成长。

1. 单恋多半都不是爱情

要想让孩子摆脱单恋，就要直接告诉他们：这段感情不会有结果，拖延下去，只会增加痛苦。同时，还要让他们问问自己，自己对异性同学的情感究竟是崇拜还是爱慕，因为这样的单恋多半都不是爱情，很多时候仅仅是对对方的崇拜或羡慕，或者也仅仅是一种欣赏和喜欢，根本就不是爱。

2. 减少接触，冲淡情感

如果孩子确实喜欢上了某个异性同学，这时候让他们赶紧忘掉，这是不切实际的要求，要给孩子足够的时间。在这段时间，不要让孩子跟这个异性同学交往，减少交流和接触。慢慢地，等孩子能够控制自己的感情了，看到该同学的时候不再感情激动了，在与之进行正常的同学交往。如果不得不与该同学说话或接触，跟对方说话的时候，要使用敬语，要尽可能地避免自己产生幻想。

3. 清理与单恋对方有关的物品

睹物思人是人之常情，自然一件小小的礼物也会引起孩子的回忆和幻想。对方的每一件物品都能牵动孩子的心，唤起孩子对对方的思念。因此，要想让孩子从单恋的情景中走出来，就要让他们去清理跟对方有关的物品，如笔记簿、书信、贺卡等。生活中少了与对方有关的物品和影子，孩子就会少些联想，就不会总是想起对方了。

4. 列出对方的缺点

孩子之所以喜欢对方，是因为对方肯定有值得孩子喜欢的地方，如慷慨、乐观、成绩好、热情等。为了冲淡孩子内心对对方的喜欢，可以让孩子找一个不喜欢对方的理由，用以安慰自己。比如，可以将对方的缺点一一列出来，如自私、写字难看、考试作弊、上课爱说话、不尊敬老师、脾气坏等。这样，孩子就会少了崇拜和喜欢，继而从感情的漩涡中走出来。

5. 让孩子将注意力转移到学习上

一旦陷入单恋，孩子就会投入更多的感情，这样很容易耽误学习，因此要想让孩子不再单恋，就要尽快引导他们将注意力转移到比较感兴趣的事情上。等孩子的情绪逐渐平静了，花在单恋对象身上的心思少了，就会将更多的精力集中在学习上。一旦成绩提高了，他们的自信心就会增加，就会冲淡这种单恋的情感。

叛逆期小叮咛

单恋是一个人对另一个人的爱恋，是隐含在心中说不出口的爱意。这种感觉虽然美好而纯粹，但容易使孩子整天魂不守舍，从而影响正常的学习和交友。如果孩子陷入了单相思，就要引导他们正确面对。

"我对她那么好，她为什么要骗我"——引导孩子摆脱失恋的痛苦

对于早恋问题，雨果曾经说过："年轻人的早恋一般都没有什么结果，但会成为回忆中的花朵。"早恋是一分傻气加上九分好奇，越是毫无经验，恋爱越迷人。因此，处于青春叛逆期的孩子如果早恋后又失恋了，要引导他们努力提高自己的抗挫折能力。同时，也要告诉他们：失恋只能说明彼此之间不合适，既然不合适，早分就比晚分好，这样才是对双方的未来好。下面是一位高中生的父亲的求助：

我儿子是个高中生，为了谈恋爱，闹得要死要活的。过圣诞节时，他一回到家就把自己关在卧室里打电话，不一会儿就在电话里与女友吵得可凶了！原来其他孩子也喜欢他女友，两个男生为了他女友争风吃醋后打架了。于是，儿子与女友吵架，女友说分手。

后来，儿子把女友约到公园里，两个人一见面又吵起来，他想

拉她的手，女友不让拉。他情绪暴躁，声嘶力竭地冲女友喊："你为什么骗我？"女友不说话，一直低头在哭。

最后，女友离开了，儿子呜呜咽咽地哭了好久。后来我知道后劝他回家时，儿子还躺在地上哭，说："我对她那么好，她为什么要骗我？"

我说："她骗你，她提分手，就证明你们不合适。"

儿子不理我，我劝他跟我回家，说帮他分析分析，但儿子反而跳起脚来，冲我大吼大叫说："你不要管我！我失恋了，真想现在就跳到湖里去！"

后来，一连一个多星期儿子都不和我们说话。看得出来，这件事对他打击挺大。我和他们老师也交流过，老师也说儿子情绪特别消沉，我们都担心他会做出什么冲动的事。

唉，怎么帮孩子走出这个失恋的心理阴影呢？

叛逆期的孩子早恋和失恋是很常见的现象，也是困扰很多父母的一个问题。其实，从相恋到失恋只是人生的一个过程，有恋爱就会有失恋。因此，面对这种情形，耐心开解孩子，引导孩子走出失恋的阴影，才是明智的做法。

一位哲学家说过，人只有通过一次真正的失恋痛苦和折磨，才会进一步成熟起来。面对失恋的现实，要让孩子缓解失恋的情绪，保持清醒的头脑，检点自己的言行，重新评估对方的人格，从中吸取经验和教训，促进心理的发展和成熟。在引导失恋的孩子时，父母可以从这几方面做起。

1. 找个切入点，慢慢切入话题

孩子失恋时，最好不要严肃地坐下来跟孩子谈。直截了当地跟孩子说，很容易给他们造成心理压力，会使孩子更没有安全感，甚至觉得连家人也在伤害他们的自尊心。虽然并不是每个失恋的孩子都是如此，但既然要跟孩子谈，最好慢慢引入，不能一下子就切到正题。

2. 帮他们转移注意力

失恋后的心理反应都是负面的，会对孩子的学习和健康造成不利影响。可以鼓励孩子像成人一样面对失恋，应对感情的挫折。比如，可以帮孩子转移注意力，引导他们多与同性朋友交流思想、倾诉苦闷，求得开导和安慰；可以鼓励他们参加各种娱乐活动，释放内心的苦闷，陶冶性情；还可以带着孩子一起出门逛逛，并投身于大自然中，让孩子在大自然的博大胸怀中得到抚慰，从而宣泄负面情绪。

3. 给孩子足够的安慰

好事与坏事都可以互相转化。父母要告诉孩子：对方拒绝孩子，不见得就是坏事，也不代表孩子不好，对方的拒绝可能对孩子有好处。之后，再引导孩子将注意力转移到其他事情上，如学习、兴趣的培养上，孩子很可能在很短的时间里有所提高。

4. 告诉孩子，学生的首要任务是学习

叛逆期的孩子处在学习知识的关键时期，要让他们尽可能地把大多数时间用在学习上，而不是谈恋爱。要直接告诉孩子：同学之间的感情更多的是友情，而非爱情；谈恋爱，浪费了彼此的时间，继而会殃及平时的学习，要将时间用在学习上，因为学习才是孩子的主要任务。

5. 让孩子感受到家庭的温暖和关心

当孩子失恋时，可以带他们出去走走，散散心，或者出去彻底放松一下。如此，孩子就会知道，即使失恋了，家人也会关心自己、爱自己，让孩子感觉内心不是孤独的。同时，父母要跟孩子多聊一些其他方面的话题，努力营造一个温馨的家庭氛围，让孩子感受到和家人生活在一起是安全、幸福、满足的。

叛逆期小叮咛

既然有恋爱，肯定就会有失恋。恋爱是甜蜜的，失恋是痛苦的。如果孩子失恋了，要引导孩子通过将精力放在兴趣爱好上来分散注意力，感受家庭的温暖和大自然的博大等，从而正确认识自己的感情，这样才能拿得起放得下，才不会陷进失恋的泥潭。

第十章

宠孩子，就要让叛逆中的他树立正确的价值观

"不就是跟同学要了几块钱吗"——引导孩子树立正确的是非观念

　　随着孩子的渐渐长大，他们的是非观也逐渐建立起来。叛逆期的孩子对事物的认识很容易走极端，容易受社会不良潮流的影响，因此不要忽视他们的言行，因为某些观念一旦在脑子里形成，很容易对他们的行为产生影响。要想引导孩子树立正确的价值观，首先就要让他们形成正确的是非观。

　　小宇是一名上初二的男孩。有一次，他看到有个低年级的孩子小刚被人欺负，出于好心他上去帮忙，使得小刚摆脱了那几个同学的纠缠。

　　当时同样出于感谢的目的，小刚送给小宇一张价值50元的超市购物卡。小宇一开始说什么也不肯收，但是小刚送完购物卡之后，一溜烟跑走了，只留下小宇一个人站在原地发呆。

有一天放学回家的路上，小刚遇到了小宇，一问才知道原来两个人住同一个小区。就这样，小宇和小刚一边走一边聊天，彼此慢慢熟悉了。这次言谈中，小宇说以后有人欺负小刚，他都会出面保护他，于是两个人互留了联系方式和家庭地址。

此后，小刚也遇到过几次被同学欺负的麻烦，最终都是小宇出面保护了他。小刚同样出于感谢，先后送给小宇一些物品和钱财。这之后，小宇也觉得收到来自小刚的东西和钱财也成了理所当然的事情。

后来这个事情被学校发现了。家长会上，班主任向小宇的爸爸反映了这个新情况：他儿子小宇向低年级同学小刚收保护费。

了解到这个情况后，小宇的爸爸感到问题很严重，就回家训斥了儿子小宇，可是儿子却不屑一顾地说："不就是跟同学要了几块钱吗，有什么了不起的！"

由着自己的性子来，而不管别人的感受，是叛逆期孩子的典型特点。他们喜欢随波逐流，甚至什么坏学什么，觉得这才是真正的"酷"。这样的行为不是简单的问题，很多是涉及是非观念的问题。

孩子如果不懂好坏，不知道自己的哪些行为是允许的，哪些行为是不良的，做事情就会不管不顾，就会肆意而为，就会觉得"我有自主权，谁管我就是多管闲事"。这样，孩子未来的心灵和性格的发展也会出现扭曲。

叛逆期的孩子很多都缺乏正确的是非观念，不仅无益于家庭和社会，甚至还会走上违法犯罪的道路。因此，父母一定要对他们进行正确的引导，告诉他们哪些话是能够说的、哪些话是不能说的，哪些事是能够做的、哪些事是不能做的。

1. 教孩子学会明辨是非

要想让孩子明辨是非，就要从点滴小事做起，不断地给孩子灌输相关意识，告诉他们是非曲直，这样孩子的言行才会多一点谨慎和理智，少一些迷信和盲从，才能形成正确的是非观念。比如，路上发生车祸，看到有人受伤时，人们多半都会先同情受伤或遇难者。可是，如果伤者是骑车逆行，就要跟孩子解释了：虽然货车司机撞人不应该，但骑车逆行出事首要责任在于骑车的人，虽然他受伤了，但都是他逆行造成的。如此，孩子就会知道：骑车逆行是错误的，以后骑车上路的时候就会小心了。

2. 捕捉生活中的教育契机

著名教育家陶行知说过"生活即教育"。的确，来自生活的教育才是最好的教育，因此让孩子明辨是非就要从日常生活做起。比如，清早起床自己穿衣、整理被子是正确的，完全依赖大人就是错误的；到公园里游玩时，排队买票就是正确的，插队就是错误的；过马路时，看红绿灯是正确的，闯红灯是错的……生活中的教育无处不在，只要善于利用生活中的教育契机，就能有效地帮助孩子树立辨别是非的观念。

3. 父母也要从自身做起，明辨是非

在引导孩子的过程中，父母还要通过自己的言行举止为孩子树立一个榜样。比如，公共场合，不要大声喧哗；到超市购物时，不要小偷小摸等。叛逆期的孩子很喜欢跟父母较劲，如果父母只要求孩子做而自己却不做或没有做到，是无法说服他们去做的。

叛逆期小叮咛

叛逆期的孩子如果是非不分，就会缺少对事物的正确判断，会失去基本的道德标准。因此，引导孩子树立正确的是非观念非常重要，要告诉他们：哪些是对的，哪些是错的；对就是对，错就是错；正确的事情要坚持，错误的事情要舍弃。

"这都是骗子"——让孩子少一些冷漠，多一些爱心

叛逆期是孩子情感发展的重要时期，如稳定的情绪、责任感、集体荣誉感、同情心等。其中，同情心的培养十分关键，同情心是关怀他人、帮助他人等良好品格的要素，也是价值观念形成的一种强有力的支撑。孩子如果缺乏同情心，就会对身边的事物冷漠以对；孩子缺乏起码的同情心，就无法产生对美好体验和向往，因此对于叛逆期的孩子，父母一定要引导他们多一些爱心，少一些冷漠。

朋友是一名老师，平时总是教育学生应该怎么做，可是没想到自己的孩子却是一个感情冷漠的人。

那天，朋友带儿子上街，遇见一名乞丐。她正准备掏钱给乞丐时，儿子却用身体挡住她，说："妈，这都是骗子，别理他。"

朋友不解地问："你怎么知道他是骗子？你看他多可怜呀。"

儿子理直气壮地说："有什么可怜的，他们不过是装出一副可

怜的样子，用来骗取别人同情心的。"

朋友对儿子的言语和行为感到痛心，于是生气地说："你怎么学得这么冷漠，一点同情心都没有！"

儿子丝毫没有半点悔恨，反而振振有词地说："他们就是骗子，奶奶就是这么跟我说的。"

看到儿子的冷漠态度，朋友心里可真不是滋味。孩子怎么如此冷漠呀？

冷漠的孩子一般都对公共事务不热心，对小动物没有爱心，对身边的亲朋好友缺乏基本的关心，他们会嘲笑残疾人，咒骂乞丐，刻薄地伤害同学，甚至亲人……如此，不仅会造成人际交往的障碍，还会妨碍他们的情感健康发展。如果父母听之任之，会给孩子的身心健康留下众多遗憾。

著名教育家陈鹤琴曾经说过："同情行为在家庭里在社会里是一种非常重要的美德。若家庭里没有同情行为，那父不父，母不母，子不子，家庭就不成为家庭；若社会里没有同情行为，尔虞我诈，人人自利，社会也不成社会了。"由此可见，引导孩子具备同情心非常重要。为了培养孩子的同情心，父母可以从以下几方面做起。

1. 引导孩子关爱大自然

悲天悯人是同情心的表现。长时间置身于大自然的怀抱，一个人的内心就会纯洁很多，就会生出更多的同情心和爱心。因此，要想让孩子多一些同情心，首先就要引导他们关爱大自然，珍爱大自然的一花一草，关心保护一株一物。空闲的时间，父母要多跟孩子到大自然中走走，感受阳光的温暖，感受花草虫鱼的欢乐。孩子一旦喜欢上了大自然，就会逐渐将这种情感迁移到对他人的关爱上。这样，得到大自然熏陶的孩子，就会对他人少一些憎恶，对社会少一些不满。

2. 利用电视、网络等媒介激发孩子的同情心

孩子都喜欢看电视或者上网浏览信息，因此，看到有人遭遇不幸时，就要跟他们多聊聊，引导孩子站在他人的角度来分析问题，激发孩子的同情心。还可以问他们："如果这种事发生在你身上，你希望他人如何对待你？"让孩子推己及人，一旦感受到痛苦的情感体验，他们就会推己及人，就会站在他人的角度感受事情，多为他人考虑。

3. 随时随地保护孩子的同情心

叛逆期的孩子如果拥有同情心和爱心，是需要保护和赞扬的，不能贬斥。比如：孩子在放学的路上看到一个乞丐，给了乞丐五元钱。当他告诉父母时，要表扬他的行为，不要说："五元钱，这么多！"更不要说"不会是职业乞丐吧！你可能被骗了吧！""就你爱心泛滥"……孩子虽然叛逆，但他们对社会也有自己的认识，因此，父母如果相信孩子，就要对他们的这一行为表示肯定。如果跟孩子沟通之后，发现孩子遇到的确实是职业乞丐，也不要批评孩

子，因为他们的行为是正确的，只不过识人能力不高罢了。以后，再教他们提高对他人品格好坏的辨识能力即可。

4. 让孩子关爱家人

对孩子同情心的培养，首先就要教育孩子关心家人。连家人都不同情和关爱的孩子，对社会和他人更做不到友爱和同情了。因此，父母生病了，不要跟孩子说"没事"，要告诉他们"我现在很不舒服"，继而引导孩子关心家人，给孩子提供恰当的机会来表达爱心和同情心。

> **叛逆期小叮咛**
>
> 叛逆期的孩子很容易对他人冷漠，对他人的事情漠不关心，甚至连发生在亲人身上的事情也毫无知觉。发现这种情况，父母可通过引导孩子热爱大自然，利用各种媒介激发孩子的同情心，随时随地保护孩子的同情心等，以此引导他们多一些爱心和同情心。

"听天由命" ——少一些糊涂，多一些梦想

列夫·托尔斯泰曾说："理想是指路的明灯。没有理想，就没有坚定的方向；而没有方向，就没有生活。"理想的重要性由此可见一斑。理想对于孩子的成长至关重要，对于叛逆期的孩子更是如此。在理想的指引下，孩子才能确立奋斗目标，明确前进的方向，拥有精神支柱和人生指南。对一切都稀里糊涂、缺乏理想的孩子，学习没有目的，做事没有方向，行动没有指引⋯⋯

亮亮和刚刚是对双胞胎，刚上学时他们成绩相当，相互学习，共同进步。父母看在眼里，乐在心里。可到了初一后，亮亮的成绩渐渐下降，每天沉溺于打游戏或看电视节目中，经常不好好写作业，到后来竟出现逃学、旷课等现象。

这到底是什么原因呢？父母很着急，一天晚上，父母把他们兄弟俩叫到一起，展开了理想话题的讨论。

爸爸问刚刚："你的理想是什么？"

刚刚说："我想成为一名天文学家，探求天体之谜。"

爸爸接着问："要想实现你的理想，自己该怎么做？"

刚刚不假思索地说道："应该努力学习，打好基础知识。"爸爸听完，满意地点点头。

随即爸爸又问亮亮："你的理想是什么呢？"

亮亮说道："我没考虑过，等长大了再说。"爸爸听在耳朵里，急在心里，便经常与亮亮谈心，对其进行教育，可亮亮就是听不进去，他认为应该"听天由命"。

最终刚刚因为刻苦学习以优异的成绩考取了一所重点高校，而亮亮则因无理想与目标，厌学情绪越来越严重，整天贪图玩乐，并因一次打架斗殴事件而致人受伤，被学校严重警告过，从此变得更不爱上学了。

梦想是孩子的奋斗目标，是他们对未来生活远景的一种展望和设想。心中怀有梦想的孩子，就会朝着既定的方向迈进，就会创造出成绩。而没有梦想的孩子就缺乏行动指南，人生之路也会出现偏差。

高尔基说："一个人追求的目标越高，他的才能发展得就越快，对社会就越有益。"反之，一个人没有理想，就会失去前进的方向和动力，生活也会变得浑浑噩噩，甚至会毫无作为地虚度一生，丧失生命应有的价值和意义。

生活不能稀里糊涂，学习不能漫无目标。要想让孩子健康成长，要想让孩子树立正确的价值观，就要让他们少一些散漫，多一些认真，少一些浑浑噩噩，多一些踏踏实实，少一些糊里糊涂，多一些目标和理想。由此，父母在日常生活中就要对孩子进行正确的引导，帮他们树立正确的目标和伟大的理想。

1. 倾听孩子内心的声音

很多叛逆期的孩子根本不知道理想是什么样的存在。要想让孩子树立梦想，首先就要认真倾听他们的声音，对他们多一些了解，看看他们整天想的是什么。一心希望孩子按照自己的意愿去生活，忽视孩子自己的想法，是不可取的。

总的来说，在日常生活中，要多跟孩子进行情感交流，耐心倾听孩子内心的声音，了解孩子对什么感兴趣，从而激发孩子树立远大的理想。

2. 认真观察，树立小目标

俗语说"少年多志，理想多变"，父母要多观察孩子的兴趣所在，因势利导，及时为孩子播下理想的种子。为了鼓励孩子树立信心，要将孩子的理想目标细分为若干个小目标。当孩子每达到一个小目标，或者每取得一点进步时，就要及时鼓励。当然，树立的目标要符合孩子的实际情形，否则让一个考试成绩只有40分的孩子一下子就考100分，确实有些困难。这时候，父母完全可以这样做：先让孩子提高20分，之后再提高20分，接着再分别提高10分和5分。毕竟从40分提高到60分很容易，从90分提高到95分就有些难了。

3. 引导孩子多向偶像学习

叛逆期的孩子都会有"英雄情结"或"偶像情结"。要想让他们树立正确的理想，完全可以从他们喜欢的榜样或偶像出发，引导他们多了解这些人物的努力过程，看看自己的偶像或榜样为了获得成功是如何做的，看看他们是如何确立理想和实现目标的，继而从中汲取精神力量，渐渐树立自己的理想，并为之奋斗。

4. 带孩子一起寻找生活的真谛

对于很多父母来说，首要问题并不是帮助孩子树立理想，而是帮助孩子认识社会、感受生活。只要孩子对社会的认识深刻了，对生活的感受丰富了，就会树立自己的理想和人生目标。孩子一旦有了独立思维，就能发现自己真正想要的生活和想成为的人，并为之而奋斗。因此，对很多父母来说，帮孩子寻找生活的真谛，最终的目的就是教他们如何树立理想。

首先，要培养孩子的独立生活能力，鼓励孩子参加各种社团活动、公益活动，让孩子适应社会生活。

其次，要引导孩子培养学习兴趣，养成良好的生活习惯和学习习惯。

最后，在帮孩子树立理想的同时，不要一味地追求结果，要重视孩子的成长过程，要全方位地培养孩子。

> **叛逆期小叮咛**
>
> 孩子如果平时总是稀里糊涂的，一生就会在浑浑噩噩中度过；如果孩子拥有梦想，就能明确目标，做事才更有动力。因此，可通过倾听孩子的内心来观察孩子，发现孩子的兴趣，寻找生活的真谛等方法，引导他们明确梦想、树立目标，并通过自己的努力一步步实现。

"考试，谁不抄"——少一些欺骗，多一些诚信

在学校承受着很大的压力，为了取得好成绩，叛逆期的孩子学会了考试作弊。这时期的孩子言行不同于常人，更喜欢跟父母对着干，更喜欢冒险，出现作业抄同学的、考试看他人的情况也不罕见。但作弊和抄作业都是不好的行为，因此父母一定要重视，在引导孩子树立正确的价值观的同时，千万不能忽视了对孩子诚信的培养。

王女士的儿子在读小学五年级。由于学习不好，怕老师批评和父母训斥，儿子一到考试，就抄同学的试卷。她告诫儿子不要抄，可是儿子却说："考试，谁不抄！"周末，儿子还常拿同学的作业来抄。但后来连同学的试卷也敢抄，这让王女士非常生气。

王女士还发现儿子在暑假里一直在玩，可暑假作业居然在假期的最后两天内完成了，做得又快又好。后来，王女士经过仔细侦查，终于发现儿子做作业的秘密。原来儿子每次做作业的时候都打

开电脑，把题目发到一些网站上或学校同学的QQ群里，因为这些网站和QQ群里都提供了作业答案。

到后来，王女士还发现儿子为了完成作业特地用钱雇了一个大学生，天天给儿子做作业。她曾在一个论坛里看到这样的信息：急招抄作业1名，每天支付100元。当时，她还以为是一些大学的函授学生为了应付检查而找人抄笔记或作业，后来才知道原来自己的儿子在用这种方法做作业。

学习是学生的天职。为了巩固课堂知识，提高孩子的理解力，作业就成了孩子课外的一项重要内容，考试也就成了孩子学习成果的一个检测手段。

于是为了各种原因，考试作弊、抄作业也就成了青春叛逆期孩子的一种现象。其实，孩子之所以会作弊或抄作业，也不是无缘无故的。通常，主要有三方面的原因。

第一，学习能力滞后。孩子听不懂、学不明白，心里感到茫然，为了考得好成绩，只好考试作弊。

第二，作业量太重。不管是小学，还是中学，如今的孩子都会感受到学业的沉重。孩子应接不暇时，只能抄作业应对。

第三，懒于思考。学习是一种毅力和思维的锻炼，孩子在家里得到的关爱太多，对学习很容易产生畏惧情绪，遇到问题，不愿意自己解决，抄作业和考试作弊也就成了必然。

了解了孩子抄作业和考试作弊的原因，父母不要马上发火，要静下心来给孩子多一些理解和同情。一旦得到父母的理解，孩子就会对父母多一些信任，就会将自己的苦衷告诉父母。这样，父母就能对他们的不良行为进行引导和矫正了。

1. 告诉孩子成绩不等于一切

就拿作弊来说，孩子之所以会作弊，一大原因就是为了超过其他同学，为了赢得父母的认可。因此，要想让他们减少作弊的行为，父母就要告诉他们成绩不等于一切，做人诚信更重要。

2. 父母要降低自己的期望值

很多孩子之所以考试作弊，是为了达到父母的期望。如果父母给孩子定的目标太高，而孩子通过自己的努力仍达不到时，就会抄作业或作弊。因此，如果想让孩子减少这种行为，父母就要试着降低对他们的期望值。

3. 让孩子看到父母的认真

孩子抄试题，体现了他们对考试或者作业的不认真态度。这时候，父母完全可以让孩子看一下自己是如何对待工作的，让他们看到父母对待事情的认真程度，也能在潜移默化中影响他们的认真态度。如此，他们在学习或作业上也会认真一些。即使有不会的，也不会作弊或抄作业了。

4. 教孩子正确面对低分

孩子之所以会作弊，主要还是担心考的分数低，不好向老师和父母交代。这时候，父母就要告诉他们考试只是对孩子一段时间学习效果的一种检测，目的是查漏补缺；要实事求是地面对自己知识点的不足，这样才能虚心进步。但是如果抄作业或考试作弊，即使考试成绩不错，也只会掩盖自己对某些知识的掌握程度。

叛逆期小叮咛

为了得到他人的信任和赞许，很多叛逆期的孩子都会通过作弊或抄作业来骗人，甚至骗自己。父母要告诫孩子成绩只是阶段学习效果的一种检测手段，以此引导孩子对知识点进行查漏补缺，同时父母要降低期望值，引导他们树立诚信的观念，少一些谎言，多一些诚实。

第十一章

疼孩子，就要让叛逆中的他树立正确的理财观

"每洗一只碗收一块钱" ——引导孩子正确认识金钱

金钱观是对金钱的根本看法和态度。众所周知，有了钱就可以得到许多东西，就能过上比较舒适的物质生活。但是，生活绝不仅仅是物质享受，还有精神上的愉悦和富足。因此，父母要帮助树立正确的金钱观，尤其是处于叛逆期的孩子要正确认识金钱，让孩子对待金钱要"取之有道，用之有度"。

升入初中后，谭先生的女儿突然变成了"财迷"。去超市买东西、去市场买菜找回来的零钱，她都会统统"没收"，存进自己的储蓄罐。对于钱，谭先生的女儿表现出了前所未有的热爱。比如，她跟谭先生到超市买水果，回来的时候，谭先生让她帮忙提一袋水果到五楼。女儿竟然跟谭先生提条件，说每帮忙提一层楼要收两元服务费，五层楼共十元。

假期放假在家，谭先生觉得应该让女儿适当地融入家庭生活，增加她对家庭的热爱，决定让她帮着收拾碗筷、打扫房间、整理床铺。女儿虽然照做了，但是做完家务之后，她就跟谭先生商量："我可以每天吃完饭后帮着洗碗，每洗一只碗收一块钱，盘子什么的就算我义务服务。"

谭先生哭笑不得，便问女儿："是不是将来我老了，你照顾我，也要收钱？"女儿听罢，低着头不再说话。

更为严重的是，女儿的班主任给谭先生打来电话，要他去学校一趟。谭先生忐忑不安地去了学校。原来，女儿订了一份英文报，报纸发下来，同学要借看。她和同学商量，看完后要付给她五块钱，结果同学食言，拒不付钱。

女儿一怒之下找到班主任陈述事由，并且向音乐老师索要那五块钱，因为音乐老师是那个同学的父亲，有责任替自己的女儿偿还"外债"。

听了班主任的讲述，谭先生哭笑不得。看来女儿对钱的认识出现了偏差。那天晚上，谭先生耐心地对女儿说："生活中，虽然我们离不开钱，但金钱并不是最重要的。比如，你帮家人洗碗，要收费；帮家人拿东西，要收费；帮助同学，你也要收费……这其中很多做法都是存在非议的。"

爸爸停顿了一下，见女儿没说话，接着说："你想想，从出生到现在，妈妈给你做饭、洗衣服、照顾你、受苦受累，如果都要用钱来换算，你岂不是要付给妈妈很多钱？"

女儿听完谭先生的话，沉思了很久。谭先生趁机说："平时在班里，同学借你一块橡皮，用一下你的小刀，你都要收费，这都不正常。同学之间要互相帮助，团结友爱，所以，你要敞开心怀去接纳他们，而不能所有的事情都用钱来衡量。真心待别人，别人才会真心待你。并且，这些用真心换来的情谊是用多少金钱也换不来的！"

虽然幸福的生活都需要物质来做后盾，可是，过于优越的物质条件反而会影响孩子对金钱的正确认识。因此，与其给孩子留一座"金山银山"，不如从小对孩子进行财商教育，让孩子具备正确的金钱观。

孩子的金钱观如果不正确，只知道钱是好东西，认为有了钱就能拥有一切，就会盲目拜金，自私自利，唯利是图。同时，如果孩子的金钱观不正确，就不会明白这样一个道理：要想得到金钱，就要付出艰辛的劳动。否则，当需要钱的时候，他们只会跟父母或长辈要，就会觉得父母或长辈给自己花钱是天经地义的。这么做造成的结果就是，孩子就会养成挥霍浪费、没有节制的消费习惯，继而变得不懂珍惜，没有感恩之心，不懂得孝顺父母。一旦父母不给孩子钱，他们就会产生怨恨，甚至做出可怕的决定。从这个意义来说，让孩子树立正确的金钱观，就是为了让孩子健康、积极地成长。

1. 让孩子了解赚钱的方式

叛逆期的孩子都知道，自己的吃穿用度都是用钱买来的，因此要想帮他们树立正确的金钱观，就要让他们了解钱的功能和赚钱的方式。比如，可以向他们介绍一下自己的工作，告诉他们自己辛苦工作一个月，赚到的钱有多少，可以购买什么物品。同时，也可以直接将孩子带到自己工作的地点，让他们看到大人工作的辛苦。

2. 鼓励孩子自己购物

叛逆期的孩子已经长大，可以给他们一些零用钱，或者鼓励他们用自己的零用钱去购物，让他们学会合理支配零用钱。有时也可以让孩子加入大人的消费行为中，比如，购物前可以列一张购物清单，告诉孩子哪些是必买的、哪些是想买的。总之，很多取舍都涉及合理安排家庭开支，这种从小培养的决策能力及接受的耳濡目染的教育，既能让孩子产生自己购物的喜悦感和成就感，也能培养孩子的独立性和判断力。

3. 教孩子区分"需要"和"想要"

叛逆期的孩子对金钱及消费有了概念，要引导他们知道什么是必需品。比如，告知孩子"需要"的就是必需品，"想要"的不一定是必需品。一定要让他们知道"想要"和"需要"的区别，鼓励他们更理智地花钱。

4. 让孩子养成储蓄习惯

叛逆期的孩子已经能够独立花钱，加上父母也会给他们一些零

用钱。因此，面对这种零用钱的管理，父母要告诉孩子在必要的开
销之外，鼓励他们养成储蓄的习惯，不要肆意乱花。

叛逆期小叮咛

金钱虽然对每个人都很重要，但凡事不能以金钱
为中心。这是父母首先要教会孩子的金钱观。叛逆期
的孩子很容易误解钱的作用，因此父母要引导他们正
确认识金钱，合理使用金钱，不沉溺于金钱，不做金
钱的奴隶，对待金钱应该"取之有道，用之有度"。

"不就是四百块嘛，我不缺"——让孩子厉行节约，花钱不要大手大脚

随着经济社会的发展和人们生活水平的不断提高，父母给孩子派发的零花钱也日益增多。于是对孩子的金钱教育必不可少，如教育孩子花钱要有节制。如果孩子从小花钱没有节制，时间长了，就会习惯于花钱之后的满足感，从而变得花钱如流水。因此，父母要对叛逆期的孩子进行正确的引导，一定要让他们厉行节约，不要铺张浪费。

小娟出生于一个幸福的家庭，爷爷奶奶有退休金，爸爸妈妈有自己的公司，一家人的日子过得幸福而富足。

可能是因为家境好，小娟养成了花钱大手大脚的坏习惯。花钱从不懂得节制，更别谈节约了。朋友小单过生日时，小娟一下子就送了价值400多元的礼物，吓得小单都不敢收了。可是小娟却说：

"不就是400块嘛，我不缺！"

谁知年初父母的公司因为经营不善亏本了，一下子把家里的积蓄都赔进去了。于是，小娟的零花钱没有原来那么多了。

对此小娟颇有微词，每天缠着妈妈要钱。可是妈妈不知道该如何跟女儿说，更不知道如何改变女儿花钱大手大脚的毛病。

如今随着生活水平的提高，孩子的零用钱也多了起来，于是乱花钱的现象变得越来越严重。于是出现了这样的现象：家庭条件好的孩子任意花，条件一般的孩子比着花。这种不良现象不仅会给家庭带来经济负担，更会让孩子养成不良的生活作风。

喜欢乱花钱的孩子，总会购买不该买的东西、消费不该有的消费。即使轻微一些，他们也会乱花钱、乱买零食、乱买没用的东西；较为严重的孩子，会乱买高档衣服和用品，乱进不应当进的消费场所……

事实上，这些不合理的消费观，有可能使孩子变坏，比如，为了进高档消费场所而采取不正当手段，如向父母和他人要钱、骗钱等。因此，父母要采用正确的方法引导孩子克服乱花钱的坏毛病，养成厉行节约的好习惯。

1. 给孩子的零用钱要适度

要想控制孩子对零用钱的合理消费，父母就要给孩子订立零用钱的使用标准，即每月或每周给孩子适当的零用钱，数目不能太大且相对固定。如果已有的零用钱花完了，孩子还需要时，可以给孩子，但要在下一次的零用钱中扣除；而且，不能连续两周超出规定的标准。同时，要告诉孩子，应该将这些零用钱花在什么方面、怎么花。当孩子再次跟自己要零用钱的时候，要先问明理由，再决定给不给、给多少。当然，如果是孩子真正需要的额外开支，就要尽量满足。

2. 让孩子知道钱是怎么来的

即使家庭条件不错，也是父母乃至祖辈经过不断的努力换来的。为了让孩子养成节约的好习惯，可以在方便的时候，将他们带到自己的工作场所走一走，看一看，学一学，跟他们讲讲工作的辛苦，让孩子明白：钱财都是通过努力工作得来的，需要依靠自己的双手辛勤劳动去创造。同时，要让孩子控制自己的欲望，珍惜现有的一切。因为只有对来之不易的东西，人们才会倍加珍惜。

3. 让孩子给自己的开销记账

很多孩子花钱没有计划，甚至没有节制，但具体都干了什么、丢没丢，根本就不知道。

因此，为了让孩子做到对自己的零用钱心中有数，父母就要教孩子学会记账，至少让孩子记下自己的零用钱究竟花到什么地方了。而且，在使用零用钱购物之前，还要让孩子把必需品大致列出来，不要胡乱地买一大堆无用的东西。否则可能就会出现钱都花完了，才发现真正需要的东西还没买的情况。

4. 大的消费品共同开销

如果孩子提出的购物要求很合理但开销比较大，父母可以帮孩子出一部分，让孩子自己也拿出一点零用钱。这样，孩子就会觉得自己也付出了，就会感受到付出的快乐，继而进一步培养自己节约的良好习惯。

5. 让孩子体验当家的感觉

为了让孩子更加珍惜钱，可以尝试着让他们来"当家做主"。比如，让孩子支配一周的生活费，让他们体验一下生活开销的合理分配。分配金钱的支出结构，有助于孩子建立正确的消费观。当然，父母也可以向孩子公开每周的家庭生活费用。

6. 不要在财务上对孩子保密

为了不将家庭财务泄露出去，有些父母从来都不跟孩子谈家庭财务情况，以至于孩子什么都不知道，只知道需要东西了就去买。这样做，也不利于孩子节约习惯的养成。因此，可以举办一个家庭财务会议，公开家庭账务，让孩子了解家庭财务等有关情况。

同时，要让孩子保密，否则就失去参加下次会议的资格。孩子一旦了解了家里的财务情况，就能清楚地知道家里每月的开支，可以促使他们主动思考自己的需求是否恰当。

7. 教孩子学会基本的购买技巧

如果想让孩子正确花钱，就要将基本的消费技巧告诉他们。比如，学会利用优惠券和打扣券、购物的时候要货比三家等。掌握了这些技巧，在购买同一件必需品时，孩子就能"花小钱办大事"。如此，不仅可以为孩子节省开支，还可以教会孩子基本的购物技巧。

叛逆期小叮咛

到了叛逆期，孩子的花钱意识会逐渐增强，花钱的额度也会逐渐加大。但是，花钱大手大脚，不仅会让孩子养成浪费金钱的习惯，还会加重家庭负担，更会出现孩子的成长危机。父母可通过让孩子养成记账习惯，让孩子做主支配家庭开销等手段，引导孩子厉行节约，理性消费。

"压岁钱，是我的"——教孩子合理使用压岁钱

通常，叛逆期的大部分孩子对钱已经有了一定的认识和了解，知道了钱的用途，因此，父母在给孩子压岁钱的同时，还要告诉他们如何使用压岁钱。要告诉他们，可以用压岁钱购买生活用品、学习用具、图书和玩具等，让孩子知道不能用压岁钱乱买东西，除非有需要才买，让孩子学会合理使用压岁钱。

春节期间，小凌从爷爷奶奶、姥姥姥爷、舅舅舅妈、爸爸妈妈等人手中收到两千多元的压岁钱。面对这笔压岁钱，小凌喜出望外。看到同学们都用压岁钱买了自己喜欢的东西之后，她也给自己买了一双售价四百元的耐克鞋。

看着女儿"暴富"后花钱的兴奋劲儿，小凌的父母意识到了问题的严重性。从某种意义上说，这并不是钱的问题，而是涉及孩子的理财教育问题。夫妻俩商量后，决定就"如何用好压岁钱"这一

话题给女儿上一堂理财课。

父母把小凌叫到面前，对她说："春节长辈给晚辈压岁钱，并不是为了让晚辈大手大脚地花钱，更不是让他们在别人面前显阔，而是对晚辈寄予了深切的期望和美好的祝愿。给压岁钱，是亲情和爱的一种表达。因此，晚辈应该通过压岁钱看到长辈对自己的期望和厚爱，在懂得感恩的同时，学会科学理财。"

谁知小凌听完，却说："压岁钱，是我的！"言外之意就是，这笔钱她说了算。

为了打消女儿"突击花钱"的念头，当晚一家三口坐在一起研究如何科学地使用这两千多元的压岁钱。

爸爸提出将钱存进银行。爸爸说，在银行给女儿开个账户，让她把压岁钱存进去，以后，这个账户就是女儿个人专用的，她平时可以随时往里存入自己的零花钱。并且爸爸认为，设立孩子的个人账户，有利于女儿养成勤俭节约、科学理财的好习惯。小凌一听说自己将有账户了，非常高兴地答应了。

妈妈提出"专款专用"。她建议小凌从压岁钱中拨出一部分用于开学交学费、买课外书和文具等。这部分消费属于"刚性支出"，会收到事半功倍的理财效果。小凌同意这一决定，把这项内容工工整整地记在了本子上。

同时，小凌自己提出了要表孝心。她说，爷爷奶奶、姥姥姥爷、爸爸妈妈等长辈这么关心自己，她也该表达一下自己的孝心。

她计划从压岁钱中拨出一部分给爱学习的爷爷订一份老年报，给爱散步的奶奶买个拐杖，给爱听评书和京剧的姥姥买个收音机，给身体不好的姥爷买几袋补钙奶粉，然后再给睡觉打呼噜的爸爸买个"太空枕"，给辛苦的妈妈买条裙子。

这时，爸爸在一旁提醒："小凌，你们学校有没有家里经济困难的同学啊？"小凌一听，马上就明白了，大声地说："对，还要拿出一部分钱来捐赠给希望工程，让那些贫困地区的孩子也能像我一样背着书包上学去！"

最后，全家人经过商讨，并征得小凌同意，决定拿一部分钱有针对性地为她买保险，解除孩子健康成长和升学成才的一些后顾之忧。

之后，小凌揣着压岁钱，拉着爸爸的手，蹦蹦跳跳地下楼向银行走去。

春节期间，孩子得到大人给的压岁钱后，由于没有规划就会胡花乱花，甚至还会通过购买高档用品来互相攀比，或相互宴请大吃大喝等。如此，教育孩子合理使用压岁钱，也就成了父母不能忽视的问题。

给孩子压岁钱是过年的一种习俗，长辈之所以要给孩子压岁钱，是希望把祝愿和好运带给他们，让他们平平安安地度过一岁。可是，如果不教孩子合理使用压岁钱，任由孩子随意挥霍，容易使孩子养成乱花钱的坏毛病，甚至养成盲目攀比的坏习惯，助长虚荣心。而将孩子的压岁钱全部没收，更会让叛逆期的孩子不满，如此更容易引发恶性事件。

对于孩子的压岁钱，在跟孩子沟通之后，父母可以指导孩子养成正确的消费习惯，告诉他们钱是能储蓄的、买东西必须量入为出等。具体来说，根据不同的情况，父母可以灵活引导。

1. 给孩子设置一个私人账户

除了引导孩子将钱存进储蓄罐里，还可以在银行为孩子开个专户，根据储蓄金额和需要取用，供孩子在需要的时候进行支配，父母进行监督即可。同时，可以为孩子设立一个记账本，教孩子将每笔钱的用处记录下来，让孩子自己分析哪次的支出最有意义。此外，还要让孩子养成遇到事情尽量使用自己压岁钱的习惯，虽然压岁钱是大人给的，但也要让他们学会用自己的钱来处理问题。

2. 给孩子购买保险或理财产品

如果孩子收到的压岁钱数额较大时，父母可以给孩子选择一些保险或者理财产品，如健康保险、教育基金等，这样不仅可以为孩子的压岁钱保值，还能帮助他们建立科学的理财观念。

3. 给长辈买礼物，培养孝心和爱心

孩子的压岁钱基本上都是亲戚、长辈给的，既然长辈将钱给了孩子，就要引导孩子使用自己的压岁钱给爷爷奶奶、姥姥姥爷等长辈购买礼物回赠，以此培养孩子的感恩之心和孝心。购买礼物的时候，要

引导孩子合理使用压岁钱，不浪费，不攀比，勤俭节约。此外，还可以跟孩子一起建立一个"爱心账户"。当有人向孩子寻求帮助时，可以引导孩子根据对方的需求适当进行爱心捐助，让压岁钱变得更有价值、更有意义，这是一种很好的情感教育。

4. 买书、报兴趣班，给孩子进行智力投资

孩子的压岁钱，不仅适合用在日常开销方面，还要用在学识和兴趣的培养上。因此，可以让孩子用压岁钱购买自己喜欢的书籍、智力玩具，或者报他们喜欢的兴趣班等。比如，如果孩子看上一套名著，就可以让他们拿出一部分压岁钱来购买。如此，不仅可以让孩子将钱花在最有用的地方，也可以提高他们的智力投资观念，还能陶冶他们的情操。

叛逆期小叮咛

虽然压岁钱是属于孩子的，但本质上是长辈对孩子关爱和期盼的一种表达。引导孩子正确使用压岁钱的目的，并不仅仅是金钱的积攒，更多的是对孩子财商的培养。对于孩子来说，他们的财商教育主要来源于父母的生活实践。因为言传身教才是最好的教育。因此，请给孩子创造一个科学的花钱、理财的环境。

"我才不去小区门口摆摊呢"——提高孩子的财商

"纸上得来终觉浅，绝知此事要躬行"，是宋代诗人陆游写的一句诗。意思是说，如果想深入理解其中的道理，必须亲自实践。因为实践活动得到的经验教训更能加深人们的体会，更能使人们获得益处。因此，让叛逆期的孩子尝试简单的商业活动，是培养他们财商的重要途径。

七夕节那天，妈妈打算借着这个节日让自己的两个儿子体验一下自己挣钱的艰难，让他们懂得珍惜现在的生活，学会勤俭节约。

妈妈在网上买了六十个玫瑰花灯和六十个彩灯钥匙链。每件物品的进货价大约是两元，建议两个儿子将玫瑰花灯卖五元一个，彩灯钥匙链卖四元一个。妈妈还打印了几条宣传语，并带了摆摊用的塑料布。可是，儿子却说："我才不去小区门口摆摊呢！"考虑到儿子几乎都认识小区里的人，可能会放不开，妈妈决定到文化广场上去。

　　下午四点，妈妈先带两个儿子去吃饭，之后先在文化广场上售卖一会儿试试。开始时，妈妈把两种商品分成两份，给每个儿子一袋。两个孩子在文化广场上各自分开进行售卖，看到年轻的一起走的男孩和女孩就过去推销，可是效果不好，没有人买。

　　之后，他们改变了销售模式，终于开张了，先卖了一个玫瑰花灯。因为成功卖出去了物品、挣到钱了，两个儿子就有了信心。到了晚上八点，两个儿子各自卖出十个。

　　接下来他们换了售卖地点，来到步行街上。那里过往的行人很多，经过两个小时的努力，花灯卖完了。妈妈和儿子一商量，让儿子将彩灯钥匙链卖六块钱两个。最后剩下四个时，看到时间也不早了，就让儿子便宜处理了。

　　通过这次摆摊做小生意的活动实践，两个儿子明白了做生意的不容易。

　　国外的很多孩子从小就开始学着做生意赚钱了，他们会帮邻居带孩子、帮邻居修草坪，或自己摆个小摊卖柠檬水，然后赚一点零用钱。如今中国也逐渐有了这样的财商教育环境，为了培养孩子的理财观念，父母可以尝试让他们去做些小生意，如买卖盆栽、雨伞等。

　　利用空闲时间，让孩子做些小生意，并不会耽误孩子的学习时间，还能让孩子从中体会到赚钱的乐趣。在父母的正确引导下，这样做不仅可丰富孩子的生活阅历，更能引导他们了解商业活动的奥妙。

1. 从孩子感兴趣的东西入手教孩子学挣钱

根据对孩子心理的了解，父母如果能选择孩子感兴趣的东西来让孩子售卖，那么孩子就会信心倍增。因为只有令自己感兴趣的事情，他们才愿意接触。同样，在有人咨询的时候，他们才有话可说。因此，父母要想引导孩子做生意，就要选择他们感兴趣的东西来售卖。

2. 引导孩子合理寻找货源

做生意，是一种低价购入、高价售出的活动。要想获得利润，就要找便宜的货源，选择合适的商品，然后再设定合适的出售价格。父母还要让孩子知道，不同的批发商，对同类商品定的批发价不同，甚至还设了不同的折扣。而且，即使是同样的商品，不同批发商的质量也不同，因此最好引导孩子寻找物廉价美的货源。

3. 让他们学会应对顾客

没有顾客，也就没有销售，更没有收益。因此，父母要让孩子对顾客的到来表示欢迎。同时，要告诉他们，如何应对顾客的讨价还价，如何说服客户下单，如何赢得顾客的信任，如何让顾客成为回头客……这些都是做生意的学问，也是孩子做小生意时需要了解和学会的。

4. 带着孩子一起跟他人学习做生意

如果孩子从来都没有接触过生意，为了让他们提高做生意的本领，父母可以带着他们到商场、贸易市场中，看看他人是如何做生意，如何应对顾客的。生意中包含着很多学问，只要用心学习，终有学会的那一天。

> **叛逆期小叮咛**
>
> 只要能够正确使用，头脑就是最有用的财富。父母要告诉孩子，赚钱的意义不只在于能让自己拥有更好的物质生活，更重要的是财富能够让孩子按照自己的方式生活，而不必被其他东西约束，可以成为想成为的人，也可以做想要做的事。财富能够让孩子拥有更多的选择，能够更好地享受生活。

平等对话，和谐沟通，不跟叛逆期的孩子较劲

很多父母反映叛逆期的孩子不易管教，其实，只要父母将本书中介绍的各种方法都掌握了并在生活中灵活运用，孩子的叛逆问题自然就能迎刃而解。

任何事物的出现都是有原因的，孩子叛逆言行的出现也不是无缘无故的，因此，父母要多理解孩子，给孩子更多的关爱、帮助、引导、疼惜和保护，不要让孩子在自我叛逆中越走越远。具体来说，面对叛逆期的孩子，父母要做好以下几点，就可让孩子平稳度过这段特殊的心智成熟期。

1. 理解叛逆期孩子情绪的多变与感情的深化

处于青春叛逆期的孩子，一般都多愁善感、喜怒无常，情绪变化莫测，令父母感到不知所措，不知道孩子发生了什么。这时期，孩子的情绪多变与感情深化是一起发生的，他们能产生和感受许多细腻复杂的感情。

进入青春叛逆期后，孩子就会发现感情是一件复杂的东西，于是他们就会表现得敏感、细腻，情绪就会随着感情的起伏变得喜怒无常。比如，有的孩子看到路边枯萎的花草会感到难过，有的孩子读到伤心的故事会流泪……如此，在美好的青春时光里，就容易变得多愁善感。

青春叛逆期的孩子确实会给父母带来诸多麻烦，尤其是孩子动不动就发脾气更是让父母很头疼。事实上，父母与其困惑于孩子火气大、脾气暴，不如多观察孩子"愤怒"的行为，不断地挖掘出他们深层次的心理需求。

2. 不干涉孩子交友，但要告知交友原则

大部分父母都担心自己的孩子会交上坏朋友，有的父母则是采用"垂帘听政"的方法，表面上看起来非常开明，不动声色，任由孩子自由地去选择朋友，却在背后调查，有的甚至还会暗中破坏；有的父母则比较严格，不论孩子和谁交往，都必须通过父母的检查，不符合要求的一概不允许与之来往；当然，也有的父母懒得管孩子交朋友的问题，就是放任自流，只要孩子喜欢，和谁交往都无所谓，不论是什么事情都不闻不问，概不干涉。

以上这些做法都是不可取的。虽然孩子的是非辨别能力与认知能力尚且有限，但父母最好在孩子选择朋友的问题上提出一些建议，不宜进行过多严格的管制，也不要任其随意发展。最明智的做法就是尽早给孩子传输科学的交友知识，掌握交友的原则。

3. 允许有秘密，孩子的秘密不是小事

我们不要认为孩子的秘密是一件小事。如果孩子主动将自己的秘密告诉我们，说明他们很信任我们，而且他们还希望我们为他们保守秘密。这时的孩子已经是开始独自承担、独立思考的"小大人"，不再是被保护在羽翼之下的小孩子了。

我们要收起好奇心，不要刺探孩子的隐私。因为孩子不想让我们知道他们的秘密是一个正常现象，并不是叛逆的表现。我们应该收起自己的好奇心，装作不知情的样子。可能孩子的内心不再激烈挣扎或者事情过了热度时，孩子就会主动将秘密告诉我们。如果我们一味地刺探孩子的隐私，也许孩子就会撒谎，并希望通过这样的方式来保护自己的隐私。与其听到孩子的假话，我们还不如等待孩子心甘情愿地说出他们的秘密。

4. 平等对话，和谐沟通，理解和关爱是教育的前提

处于青春叛逆期，由于孩子身心发展的相对不平衡，总会出现一系列的心理问题和行为偏差。而要想解决这些问题，父母首先就要学会与孩子正确沟通。根据青春期孩子的心理特点，要摒弃大人居高临下的身份，跟孩子进行平等的沟通，才能取得理想的管教效果。

父母在和青春叛逆期孩子沟通时，总会遇到各种各样的问题，一旦沟通不畅，最佳的选择就是站在孩子的立场替孩子考虑，或者按下"暂停键"，用暂停的方式让孩子进行情绪缓冲，这样才能使

沟通顺畅。

除了语言沟通之外，父母还应该掌握一些和孩子非语言的沟通方式，如多用拍肩、握手等肢体语言，让孩子在身心放松的同时感受到来自父母的关爱、信任、理解和支持，会促使孩子更信任父母。孩子是独立的个体，他们有思想，有头脑，对事物有自己的认识和理解。不管孩子如何叛逆，不管孩子的言行如何让父母不满，父母都要多一些耐心，学会等待，千万不能贬低、斥责孩子，更不能棍棒相加。

以全新的方式来理解孩子，才是明智的；不跟叛逆期的孩子较劲，才是聪明的。而我们，要做这样的父母！